国际汉语教师发展丛书

汉语二语字词教学方法

Teaching Chinese as a Second Language: Character and Word Teaching Methods

[美] 沈禾玲（Helen H. Shen） 主编

王思程　徐丽莎　朱　殊　著

北京语言大學出版社
BEIJING LANGUAGE AND CULTURE
UNIVERSITY PRESS

©2024北京语言大学出版社，社图号24074

图书在版编目（CIP）数据

汉语二语字词教学方法 / (美) 沈禾玲
(Helen H. Shen) 主编; 王思程, 徐丽莎, 朱殊著. —
北京: 北京语言大学出版社, 2024.5
（国际汉语教师发展丛书）
ISBN 978-7-5619-6568-9

Ⅰ. ① 汉⋯　Ⅱ. ① 沈⋯ ② 王⋯ ③ 徐⋯ ④ 朱⋯　Ⅲ.
① 汉语—词汇—对外汉语教学—教学法　Ⅳ. ① H195.3

中国国家版本馆 CIP 数据核字（2024）第 085824 号

汉语二语字词教学方法
HANYU ERYU ZI CI JIAOXUE FANGFA

排版制作：华伦图文制作中心
责任印制：周　燚

出版发行：北京语言大学出版社
社　　址：北京市海淀区学院路 15 号，100083
网　　址：www.blcup.com
电子信箱：service@blcup.com
电　　话：编辑部　　8610-82303395
　　　　　发行部　　8610-82303650/3591/3648
　　　　　北语书店　8610-82303653
　　　　　网购咨询　8610-82303908
印　　刷：北京富资园科技发展有限公司

版　　次：2024 年 5 月第 1 版　　印　　次：2024 年 5 月第 1 次印刷
开　　本：710 毫米 ×1000 毫米　1/16　印　张：11
字　　数：159 千字
定　　价：55.00 元

PRINTED IN CHINA

科学技术的发展使人类在21世纪进入了数字时代[①]。在教学领域，我们已经观察到数字化给教学方式所带来的重大改变，它主要体现在（但不限于）以下方面：

1. 多媒体教学成为课堂教学的主流手段

在课堂教学中，即使师生、生生面对面，教师也会在课堂的某些教学环节运用多媒体以达到更好的教学效果。

2. 网络或混合式教学模式成为常态

以前，网络教学的主要目的是给远程学生提供方便，而现在，纯粹的线下教学已经不存在了。随着多种网络教学平台的创建与高质量学习软件的开发，即使师生在同一个教室里，教师也会让学生利用网络平台完成部分学习任务，以体验在课堂中无法实现的社会场景。

3. 无纸学习逐渐取代传统纸笔形式

因为电脑及移动电子设备的普及，在日常生活和工作中，机写已在很大程度上代替手写了，所以课堂教学必须让学生适应新的信息传递方式。

4. 人机互动成为学习的重要方式之一

传统的课堂教学是人与人之间的互动，在数字时代，学生在教室里通过电子设备与同学、老师及教室外的相关人员进行交流，用电子设备完成学习任务及课内外作业已成为教学的重要组成部分。

---

① 数字时代指的是很多事情通过电脑处理，大量信息通过电脑技术获得。

数字时代不仅改变了我们的教学方式，也对教学提出了新的要求。根据联合国教科文组织的可持续性发展的目标[①]，国际教育技术协会[②]提出的教学目标是让每个学生成为：（1）有能力的学习者（Empowered learner）；（2）数字化的公民（Digital citizen）；（3）知识的策展者（Knowledge curator）；（4）创新的设计者（Innovative designer）；（5）计算型的思想者（Computational thinker）；（6）有效的交流者（Effective communicator）；（7）跨文化的合作者（Global collaborator）。这些目标必须体现在每个学科的课程设计和教学方法中。

本书探讨的是汉语作为第二语言的字词教学方法，那么在汉语字词教学中如何将学生培养成符合上述目标的能适应数字时代的人才呢？下面我们做简要的阐述。

成为"有能力的学习者"指的是学生不仅掌握知识内容，还知道如何学习。教师在字词教学时要让学生自己把握学习过程。也就是说，教学应该注重学生学习字词的过程，而不仅仅是结果。在教学中要有让学生反思学习过程的环节。

成为"数字化的公民"指的是学生能使用网络进行有效的交流，并获取信息。教师在字词教学时要让学生充分利用网络查询信息及互动交流。

成为"知识的策展者"指的是学生能根据需要选择合适的信息，并传递信息让受众理解和接受。教师在字词教学时要让学生尝试担任教师的角色，去完成字词教学任务。

成为"创新的设计者"指的是学生具有想象力，通过创新的方式发现问题并解决问题。教师在字词教学过程时要引导学生自己去寻找学习字词的方法。

---

① 参见联合国教科文组织可持续性发展的 17 个目标。
② 国际教育技术协会（International Society for Technology in Education，简称 ISTE）是一个在教育科技领域拥有遍及全球的会员和占据主导地位的非营利专业组织。

　　成为"计算型的思想者"指的是学生能用模式识别、认知程序等思维方式去解决问题。教师在字词教学时要引导学生对字词按认知特点和语言的基本特性进行有意义的分类，找出适合自己认知心理特点的汉语字词学习方法。

　　成为"有效的交流者"指的是学生准确传递及交换信息或想法。教师在字词教学时可以设计教学活动，让学生用对话式、解释式、展示式等方式用所学的字词进行交流。

　　成为"跨文化的合作者"指的是学生能与来自不同文化背景的个体协作解决问题。教师在字词教学时可以让学生组成不同的小组，通过互助协作来完成字词学习任务。同时也鼓励学生在课外与来自不同国家和地区的学生合作，共同完成交际任务。

　　《汉语二语字词教学方法》是专门为国际中文教育专业师生编写的，与《汉语二语字词教学》（*Teaching Chinese as a Second Language: Character and Word Acquisition and Instruction*）（第2版）[1]配套。书中列举的教学方法以《汉语二语字词教学》（第2版）中所阐述的教学理论为依托，是在理论指导下的实践。教学方法的设计也充分体现了数字时代汉语二语字词教学的特点。

　　本书分为三章，书中的汉语学习者来自非目的语环境（北美地区）。第一章介绍初级水平的汉语二语字词教学方法（作者王思程），第二章介绍中级水平的汉语二语字词教学方法（作者徐丽莎），第三章介绍高级水平的汉语二语字词教学方法（作者朱殊）。每级15种方法，分别适用于生词的介绍、练习与巩固、复习与运用阶段。每种方法包括界定、教学内容、设计、步骤、反思、在线资源与网络工具推荐6个部分。对有代表性的方法还配有演示视频，以使读者有更好的直观体验。

　　需要说明的是，本书所指的三种汉语水平对应于北美普通大学的汉语学习者。初级为大学一年级汉语水平（1—10个学分），中级为大学二

---

[1]　沈禾玲. 汉语二语字词教学（第2版）[M]. 北京：北京语言大学出版社，2020.

年级汉语水平（11—20个学分），高级为大学三年级及以上的汉语水平（21及以上学分）。读者可以根据自己学校的课程及学分设置等来把握具体的汉语水平。本书作者都是北美地区汉语教学的一线教师，所使用的初中级教材以非目的语国家和地区的为主，举例多出于这类教材。由国内国际中文教师编写的教材示例主要出现在高级汉语二语字词教学方法中。方法本身不受教材的限制。

本书提到的一些专业术语在《汉语二语字词教学》（第2版）中都有详尽阐述，例如：

（1）汉语二语字词教学。这里的"字"指汉字，"词"指汉语词语。本书涉及的方法既包括汉字教学，也包括词语教学。在课堂教学中，因为学生学习的是当课的生词，生词是由汉字组成的，所以我们的生词教学是汉字与汉语词语的教学。根据《现代汉语频率词典》[①]的统计，在日常使用的词语中，单字词大概占27%。"汉语二语"是汉语作为第二语言的简称。这一简称对应于英语"L2 Chinese"或"Chinese L2"。如读者想详细了解对汉字、部首、词等概念的界定，可参阅《汉语二语字词教学》（第2版）第一章。

（2）非语境化。教学活动的设计是脱离语境的，即把目标字词从有意义的交际语境中分离出来。详见《汉语二语字词教学》（第2版）第六章。

（3）半语境化。半语境化教学可以帮助学生了解词在语境中是如何运用的，以及词、短语和句子之间的联系，进而帮助学生掌握目标字词的句法知识，并构建词汇网络。详见《汉语二语字词教学》（第2版）第六章。

（4）语境化。在模拟的或真实的交际语境中学习字词，学习的目的不仅是学会目标字词，还要用所学的目标字词完成交际任务。详见《汉

---

① 北京语言学院语言教学研究所. 现代汉语频率词典[M]. 北京：北京语言学院出版社，1986.

语二语字词教学》（第2版）第六章。

（5）认知负荷理论。认知负荷指的是附加在记忆系统之上的教学负荷（或知识负荷）。它分为内在认知负荷和外在认知负荷。内在认知负荷是指具体一堂课中学习材料的量。外在认知负荷指的是由于教师不恰当地组织教学，人为地增加了学习材料的难度，学生不得不花更多的时间和精力去学习，与有效认知负荷相反。详见《汉语二语字词教学》（第2版）第四章。

（6）认知加工水平理论。只有对信息进行深度加工才能在大脑中留下更深的记忆痕迹，从而提高信息的记忆效果，记忆越深刻越有利于信息提取。详见《汉语二语字词教学》（第2版）第四章。

（7）双编码理论。编码是指根据一定的方法或规则，将信息从一种形式转换成另一种形式的过程，例如：一段书面话语可以以数字的形式进行编码，然后通过电报发给另一个人。因此，"码"是转换信息形式所用的方法。从字词学习角度来看，编码过程就是运用某种方法对字词进行加工，使它们容易被理解和记忆的过程。详见《汉语二语字词教学》（第2版）第四章。

（8）多通道加工理论。"多通道"指的是个体感知系统运用多种感官通道感知事物，包括视觉、听觉、触觉、味觉、感觉和动觉。这一理论主张在个体接收信息时利用个体的多种感官通道而不是单一通道，以便在信息提取时，每一个感官通道都能提供独特的提示线索帮助个体快速、准确地获取信息。详见《汉语二语字词教学》（第2版）第四章。

（9）主动学习。"主动学习"是指学生在学习过程中通过问题解决型练习、模拟、案例分析、角色扮演等需要其应用所学知识和技能的活动，主动探索知识和有意识地反思学习过程的学习。详见《汉语二语字词教学》（第2版）第六章。

沈禾玲（Helen H. Shen）

2024年春于美国艾奥瓦（Iowa）

目　录

第一章

初级汉语二语字词教学方法

这一章将介绍15种针对初级汉语水平学习者①的字词教学方法。这些方法适用于介绍、练习与巩固、复习与运用生词。教师可以在教学中根据需要选取不同的方法。在介绍具体的教学方法前，我们先探讨一下初级汉语二语字词教学设计时应考虑的几个重要因素。②

一、教学特点

初级汉语水平学习者的汉字积累量很少。在初级阶段，汉字对汉语学习者来说可能只是无意义的线条或者符号组合，因此教师在这一阶段系统地分析汉字是教学的重点。通过对汉字结构、字形、部件的分析，学习者能够对汉字有整体的认识，同时可以总结出比较有效的记忆汉字的方法，从而为更高阶段的学习打下坚实的基础。也就是说，初级阶段字词教学的主要目标是识读汉字。识读汉字的过程体现了对汉字音、形、义的认知。在教学过程中，教师应该根据初级汉语水平学习者学习语言的认知心理过程与特点，通过大量的图片和课堂活动来营造生动有趣的学习氛围，调动人体多种感官在汉字认知中的积极作用，激发学生的想

---

① 指的是北美地区普通大学汉语作为第二语言的一年级学习者。
② 主要是非目的语环境（北美地区）初级汉语二语字词教学的特点。

象力与创造力，进而提高其汉字的学习能力。面向初级汉语水平学习者的教学设计可以考虑以下方面：

1. 非语境化、半语境化教学活动和语境化教学活动的比例

对于初级汉语学习者，我们应侧重于运用非语境化和半语境化教学活动。比如，较多地运用字卡、图片、动作、表情及实物来激发学生的想象力，提高其对汉字的感知度。由于学生正处于汉字学习的初级阶段，所以语境化教学的比例相对较小，教师可以通过让学生在句子中识字并在具体生活场景中运用字词的方法，提高学生对汉语字词的记忆和运用能力。在实施语境化教学时，教师要选择难度适当的活动，以及与学生生活紧密相关的话题。教师在初级阶段还不能要求学生做成段描述或复杂的对话，这会导致学生因为无法完成而对学习产生畏难情绪，或者出现字词使用不当的情况。

2. 大量的学生活动

毋庸置疑，调动学生的学习积极性是完成教学任务的一个关键因素。汉字学习对于母语是字母文字的外国学生来说是一个很大的挑战。如何激发学生的学习兴趣是教学设计的重要问题。教师对低年级学生进行汉字教学应以活动为中心，寓教于乐。教师在设计活动时，介绍生词、练习与巩固生词、复习与运用生词这三个教学步骤都要以活动为中心，环环相扣。介绍生词、练习与巩固生词阶段的活动应以建立汉字知识的图式结构、为汉字建立意义编码为目标，教师要让学生在短时间内对汉字进行有效编码。这个阶段的活动设计要重在编码的意义性上，同时控制图式结构和意义编码的复杂程度。过于复杂的意义编码会加重学生的记忆负担，是不可取的。复习与运用生词阶段的活动设计要以能让学生对汉字进行自动提取为目标，通过非语境化、半语境化和语境化的操练完成教学任务。

3. 教师直接指导的重要性

在初级阶段，学生掌握的词汇量非常有限，他们还没有掌握部首知识，也没有对汉字结构的分析能力，很难正确运用词语。因此，在初级汉语的课堂教学中，教师要进行示范和引导，详细介绍并分析汉字，使学生对所学汉字的结构特点有所了解。教师还要通过对已学汉字的拓展，培养学生的组词能力，扩大词汇量，进而构建其词汇网络，提高学习效率。教师的直接指导主要体现在教授汉字的语音和部首知识，培养学生构建词汇网络的能力等方面。

4. 生词教学和课文内容的结合

生词教学与课文内容紧密结合可以提高学生对课文生词的掌握程度，减少阅读课文时的文字障碍，给学生带来成就感。如在讲解跟课文《吃饭》[①]有关的生词时，教师可以介绍不同的味道"酸、甜、苦、辣"，引导学生说出自己喜欢的口味。教师还可以用图片介绍饭馆的环境和特点，让学生回答问题并简单地描述一下图片，说说自己去过的饭馆，用生词"桌子、位子、服务员、点菜、好吃"等。此外，教师还可以引导学生比较中国饭馆和美国饭馆、中国菜和美国菜，以期达到学以致用的目的。

5. 利用教育技术与网络资源辅助汉语字词教学

随着教育技术的迅速发展，各类手机软件或在线学习平台不断涌现，教育技术的广泛应用深刻地影响着现有的学习方式。随着网络教学的普及，越来越多的数字工具被引入汉语课堂来辅助线上教学。为了有效应对数字时代的教学模式，汉语教师应该与时俱进，利用网络资源为语言教学服务，提升学生的字词学习效果，使学生在数字时代成为主动学习者。

---

① 刘月华，姚道中，毕念平，葛良彦，史耀华. 中文听说读写（第四版）[M]. 波士顿：剑桥出版社，2017.

二、教学目标

初级汉语字词课的教学目标如下：

（1）引导学生分析汉字结构，使学生掌握常见部首（部件）的意义，了解常见部首（部件）在汉字中的作用（表音或表意）。

（2）指导学生对汉语字词进行有效编码，提高认知加工深度，掌握汉字的读音、字形、字义，并能够正确认读和书写字词。

（3）采用三层次的教学途径（非语境化、半语境化、语境化），层层推进，使学生理解字词的核心意义，并能够在语境中正确运用字词。

（4）指导学生熟练使用网络资源，帮助学生利用数字工具进行自主的个性化学习。

（5）培养学生协作学习和自主学习的能力，引导学生主动探究字词学习的方法和策略，并反思学习过程。

三、教学方法

教师首先应该根据生词的特点将生词进行分组。分组的依据可以是词性、词义、词形等。分组不仅可以帮助教师选择不同的教学方法，还可以帮助学生对生词进行分类。生词教学应该按照介绍生词、练习与巩固生词、复习与运用生词的步骤进行。介绍生词是以教师为主导的教学，在这一步骤中，教师要以认知负荷理论和认知加工深度理论作为指导，根据难度控制生词的输入量，帮助学生建立相关的知识图式。教师在一年级的字词教学中应着重于一词一义，从简单图式到复杂图式。教师可以在练习与巩固、复习与运用生词的步骤中强化学生对生词音、形、义的认知，使学生能够学会在语境中运用生词，达到熟巧程度。因此，教师要设计非语境化、半语境化和语境化的教学活动来帮助学生达到教学目的。在数字时代，教师可选择合适的在线资源与网络工具，引导学生有效利用这些教育技术来学习新字词。下面我们介绍15种有代表性的针对初级汉语水平学习者的字词教学方法，同时推荐一些可供教师与学生使用的在线资源与网络工具。我们以北美汉语教材《中文听说读写》（第四版）[①]第一、二册的三篇课文中的生词为例来列举这些教学方法。

表1-1　15种初级汉语二语字词教学方法

教学步骤	教学方法
介绍生词 New Words Introduction	追溯字源
	看图写字
	部首认字
	趣味解字
	感知汉字
练习与巩固生词 New Words Practice and Consolidation	部件拼合
	对比认字
	看图说词
	谁是卧底
	群分类聚
复习与运用生词 New Words Review and Application	字词串联
	语素拓展
	你演我猜
	就景说词
	读句填词

如表1-1所示，本章介绍的教学方法可以根据教学过程分为三个阶段：生词的介绍、生词的练习与巩固、生词的复习与运用。介绍生词的5种教学方法为：（1）追溯字源。这一方法可以激发学生的好奇心，让他们感受汉字的魅力。（2）看图写字。这一方法可以加强学生对字形的理解，帮助他们掌握汉字的正确写法。（3）部首认字。这一

---

① 刘月华，姚道中，毕念平，葛良彦，史耀华.中文听说读写（第四版）[M].波士顿：剑桥出版社，2017.

方法可以帮助学生理解字形与字义之间的关系。（4）趣味解字。这一方法可以鼓励学生主动运用多种方式对字词进行个性化编码。（5）感知汉字。这一方法可以利用多种感官对字词信息进行编码，形成情境记忆。练习与巩固生词的5种教学方法为：（1）部件拼合。这一方法有助于学生强化对汉字部首和结构的认识。（2）对比认字。这一方法可以引导学生更好地区分和识别易混淆的形近字。（3）看图说词。这一方法能帮助学生将抽象概念与具象（图像）联系起来。（4）谁是卧底。这一方法能引导学生主动思考词语之间在语义和句法上的联系。（5）群分类聚。这一方法能加深学生对语义和句法的理解，并帮助他们建立词汇网络。复习与运用生词的5种教学方法为：（1）字词串联。这一方法能培养学生分析汉字及建立词汇网络的能力。（2）语素拓展。这一方法利用汉语语素的特性，能帮助学生扩大词汇量。（3）你演我猜。这一方法利用非语言系统对词语进行加工，能快速活跃课堂气氛。（4）就景说词。这一方法能培养学生根据语境正确使用目标词语的能力。（5）读句填词。这一方法能让学生在有意义的语段中理解词语使用的语境。

以下是对上述方法的具体说明。

（一）追溯字源

1. 界定

"追溯字源"的方法适用于介绍象形字和会意字等。通过追溯字源，教师可以让学生了解汉字的造字原理，引导学生通过分析字形把握汉字的意义，从而加强形义联系。追溯字源和赏析古文字的过程能够激发学生的好奇心，让他们感受汉字的魅力。

2. 教学内容

我们以"雨、雪、比"三字为例进行演示。"追溯字源"的方法可以使用PowerPoint和字卡等教学用具。

3. 设计

"追溯字源"的方法属于非语境化教学。教师可以查阅相关资料，在PowerPoint上展示目标汉字的古文字^①字形，例如该字的甲骨文、金文字形。然后讲解汉字的本义与字形的关系，帮助学生理解字形、字义。图1-1、图1-2、图1-3是"雨、雪、比"的PowerPoint。

yǔ

雨

rain

图1-1

xuě

雪

snow

图1-2

---

① 本章的古文字字形来自"汉典"网站。

bǐ

比

to compare

图1-3

4. 步骤

（1）教师用PowerPoint展示目标汉字。

（2）通过齐读和个别诵读使学生掌握目标汉字的正确读音。

（3）教师用PowerPoint展示古文字字形和相关图片，并讲解字源。

（4）教师用字卡对所学的汉字进行复习，让学生认读。

5. 反思

"追溯字源"的方法基于认知深度加工理论，通过对汉字字源的解释对汉字进行有意义的编码，揭示汉字义与形之间的联系，加深学生对汉字的理解。使用该方法时教师要适当把握字源讲解的深度，以免造成学生的记忆负担。汉字的字源图片要清晰，能让学生清楚地看出古今汉字的联系。这一方法也可以演化为让学生给汉字配图，或者通过汉字的古文字字形来猜测字义等。这一方法可以调动学生的创造性，提高学生的汉字记忆能力。

6. 在线资源与网络工具推荐

学习字源能帮助学生建立形义联系，激发学生的学习兴趣，从而对字义进行深加工。教师可以鼓励学生在课前或课后访问相关的字源查询网站，搜索和了解感兴趣的字源信息。比较常用的字源查询网站有以下几个：

汉字与字源网（https://hanziyuan.net/）由美国的汉语学习者理查德·西尔斯（Richard Sears）创办，他又被称为"汉字叔叔"。用户可以在网站上搜索汉字的古字形，包括甲骨文、金文和篆书等。该网站配有汉字的英文释义，非常适合以英语为母语的汉语二语学习者使用。图1-4是使用"汉字与字源网"查询"水"部的截图。

图1-4

小学堂（https://xiaoxue.iis.sinica.edu.tw/）文字学资料库由台湾大学中国文学系、"中研院"历史语言研究所、资讯科学研究所、数位文化中心共同开发，收录的字形涵盖甲骨文、金文、战国文字、小篆及楷书，字源信息全面。图1-5是使用"小学堂"查询"水"部的截图。

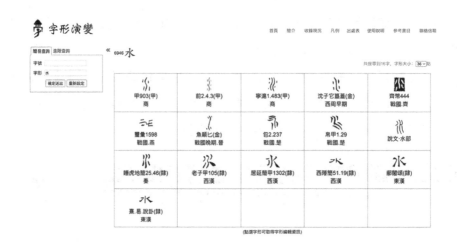

图1-5

　　另外，汉典（https://www.zdic.net/）也是常用的字词检索工具，不仅可以方便学生自学汉字，也是汉语教师的备课资源。图1-6是使用"汉典"查询"水"部的截图。

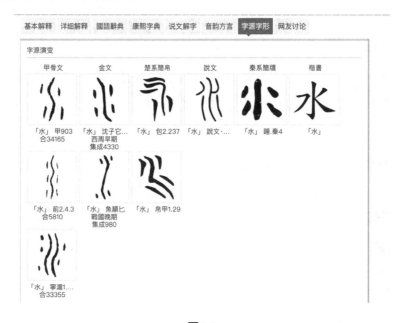

图1-6

（二）看图写字

1. 界定

"看图写字"的方法适用于介绍生词，该方法可以在"追溯字源"的方法后使用，使学生在识字的基础上进一步准确地书写汉字。"看图写字"的方法可以帮助学生加强对字形的认识，掌握汉字的准确写法。

2. 教学内容

我们以"雨、雪、比"为例。"看图写字"的方法可以使用PowerPoint和任务单等教学用具。

3. 设计

"看图写字"的方法属于非语境化教学，一般与"追溯字源"的方法搭配使用。在"追溯字源"后，学习者对汉字的形义联系有了一定印象，但不一定能够写出汉字。教师通过展示字源，帮助学生再次回忆汉字的字形，并要求学习者准确地书写汉字。图1-7是"雨、雪、比"的PowerPoint。

Ancient forms:

Chinese characters:

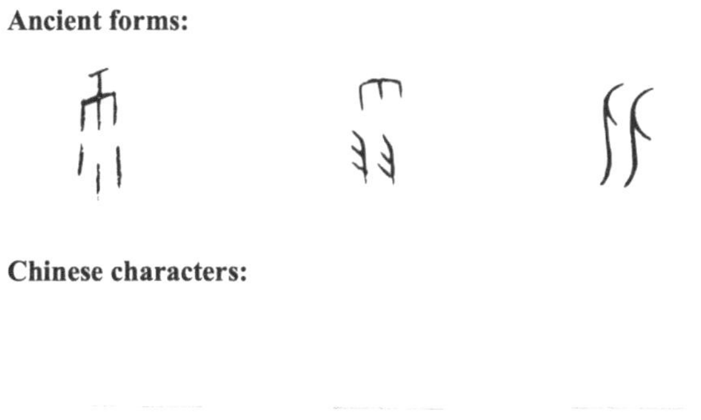

图1-7

4. 步骤

（1）教师用PowerPoint展示汉字字源，要求学生根据字源写出汉字。

（2）学生用一分钟进行准备。

（3）两个学生上台将目标汉字写在白板上。

（4）教师进行评价。

（5）如果学生写得不正确，教师要示范正确的写法，并要求其他学生在纸上写出目标汉字。

5. 反思

"看图写字"的目的是加深学生对汉字字形特点的理解和认知，提高对汉字的记忆能力。例如：学生看到"雨"字，就能够在脑中闪现现实中雨的样子，并激活这个字的意思。另外，"看图写字"法也培养了学生书写汉字的能力。

6. 在线资源与网络工具推荐

书写汉字能够帮助学习者注意汉字的细节且更长久地记忆汉字。Skritter是中文学习软件中的明星产品。它不仅能帮助学习者学习汉字，还能教他们怎样去写，并且规范笔顺。这款软件还收录了一些汉字书写资料，如在北美大学广泛使用的课本《中文听说读写》（第四版）。

另外，如果学生对汉字有审美的需求，希望写出更好看的字，教师可以推荐学生使用快速制作字帖的网站"田字格字帖生成器"（https://www.an2.net/zi/）。此平台支持在线生成田字格、米字格、回宫格的字帖，并提供汉字的笔画顺序，用户还可以选择各种名家字体，如庞中华体、田英章体等。字帖生成以后，学生可以选择导出或打印PDF文件，方便日常练字。图1-8、图1-9和图1-10是使用"田字格字帖生成器"创建的"水"字的田字格楷体、米字格庞中华楷体和回宫格田英章楷体字帖的示例。

图1-8 田字格楷体

图1-9 米字格庞中华楷体

图1-10 回宫格田英章楷体

（三）部首认字①

1. 界定

"部首认字"的方法适用于介绍合体字，如形声字或者会意字。形声字包括形旁和声旁两个部分，会意字由两个或两个以上的部件组成。在教授这两类汉字时，我们可以帮助学生将汉字拆分成几个部件，理解各个部件的作用或者含义，并对汉字部件之间的关系进行分析。

2. 教学内容

我们以"看、睡、唱"这几个字和"晴、蜻、请、清、倩、情"这一组形声字为例介绍，这一方法可使用PowerPoint和字卡等教学用具。

3. 设计

"部首认字"的方法属于非语境化教学。教师用PowerPoint展示目标汉字和相关图片。目标汉字的部首要用红色标出，并结合图片使之形象化。见图1-11到图1-15。

---

① 该方法在北京语言大学出版社官网上有演示视频。

kàn

看

to look,
to watch

shǒu
hand

mù
eye

图1-11

shuì

睡

to sleep

mù
eye

to rest with one's head lowered
and eye closed

图1-12

chàng

唱

to sing

kǒu
mouth

图1-13

14

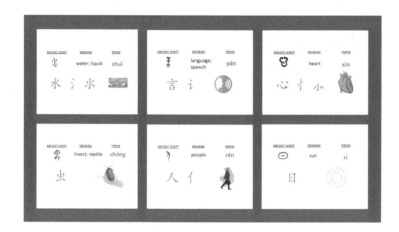

图1-14

Semantic Cues
Let's practice using semantic radicals in inferring the meaning of unfamiliar characters.

dragonfly
sunny
emotion
to invite
clear

青 qīng

qíng	qīng	qǐng	qīng	qiàn	qíng
晴	蜻	请	清	倩	情

图1-15

4. 步骤

（1）"看、睡、唱"

1）教师用PowerPoint展示目标汉字，将部首单独列出，并结合图片加深学生对该部首的认知。

2）教师逐个讲解部首的意义和作用，引导学生分析汉字的结构和部件，并要求学生总结出各部件在合体字中的表音或表意作用。

3）通过齐读和个别诵读使学生掌握目标汉字的正确读音。

4）用字卡让学生个别认读，进一步巩固目标汉字的字形和读音知识。

（2）"晴、蜻、请、清、倩、情"

1）教师用PowerPoint介绍六个部首："日、虫、言、水、亻、心"。教师引导学生读出每个部首，同时展示各部首的古字形，并解释其意义，凸显字形与字义之间的联系。

2）在PowerPoint上展示"晴、蜻、请、清、倩、情"这组汉字，说明"青"是声旁，并指出"青"可以与"日、虫、言、水、亻、心"等部首结合，构成新的汉字。

3）教师引导学生根据部首的意义来猜测相关汉字的含义。

4）教师通过齐读或个别诵读，检查学生是否能快速识读这些汉字。

5. 反思

"部首认字"的方法通过分析汉字结构和理解部首在目标汉字中的意义来加强学生对汉字的认知。根据认知加工深度理论，利用合体字中的独特部件对汉字的造字法进行分析，是对汉字比较有效的意义编码，可以更好地揭示汉字字形与字义的关系。教师在使用这种方法时要强调汉字的部首，尽量用故事或图片来加深学生对字词意义的理解。教师可以让学生说出部首与字义的关系，使学生具备一定的分析汉字的能力。

6. 在线资源与网络工具推荐

有许多资源可供学生巩固汉字的部首知识，如沈禾玲等（2020）编著的《汉字部首教程》（第二版）就是专门为外国学生设计的汉字部首教材，介绍了100个高频部首，教材为中英双语编写。

除此以外，学生还可以选择在线工具Skritter（https://skritter.com/），见图1-16。它是一款用于学习汉语字词的在线工具，学生可以通过网络浏览器或者手机应用程序使用这款软件。Skritter不仅能帮助学习者学习汉字，还可以帮助学习者最大程度地记忆汉字（包括各种笔画等细节特征）。Skritter比较适合以英语为母语的汉语初学者。Skritter会清楚地介绍部首的意思，并给出一些由此部首组成的系列汉字，让学生系统地学习汉字。学生在Skritter上学习汉字部首知识的同时，还可以用软件上的配套习题来测试所学的部首知识。Skritter还会记录学生的学习进度和学习成果。

图1-16

（四）趣味解字

1. 界定

"趣味解字"的方法适用于介绍汉字，尤其是字形复杂或者易混淆的汉字。这一方法指的是教师在学习过程中鼓励学习者主动运用各种方式对汉字进行编码，例如通过对汉字部件的分析编一个汉字故事，或者用图片和口诀来强化对汉字的记忆。教师可以先给出一个示例，然后引导学生根据自己的生活与学习经验来探索富有趣味性的记忆方法，教师同时也可鼓励学生分享自己的记忆方法，营造协作学习环境。

2. 教学内容

我们以"打、书"为例。"趣味解字"的方法用PowerPoint、字卡和短视频等教学手段。

3. 设计

"趣味解字"的方法属于非语境化教学。教师可以先给出一个示例，激发学生对汉字的兴趣，然后鼓励学生主动探索有效的字词记忆方法。教师在课堂教学时可以让学生分享各自的记忆方法，也可以建立课程网站让学生分析汉字。趣味记忆的方法并不适合所有的汉字，也不能对汉字进行牵强附会的讲解，尤其是简单的独体字。下面是"书"和"打"字的示例：讲解"书"字时，教师可以把"书"字右上角的一点想象成学位帽上的帽穗；讲解"打"字时，教师可以跟学生描述手握锤子击打的动作，并将"打"字右边的"丁"想象成一把锤子。见图1-17和图1-18。

图1-17

图1-18

4. 步骤

（1）教师在课堂上分享汉字的趣味记忆法，激发学生的学习兴趣，调动其积极性。

（2）教师引导学生主动探索字形复杂或易混淆汉字的认读或记忆方法。

（3）在课堂或课程网站上，教师让学生分享汉字趣味记忆法。

5. 反思

"趣味解字"根据认知加工深度理论和双编码理论，让学生对汉语字词进行复杂编码。这一方法突出汉字字形或者部件的形象特征，有利于加深记忆，适用于抽象的汉语字词，同时也体现了学生的学习主动性。

6.在线资源与网络工具推荐

汉字的趣味编码需要学习者具有很强的创造力和想象力，有一定的局限性。不过，学生可以借助一些网络的在线资源来学习。例如：Chineasy（https://www.chineasy.com/），它通过图像和动画来讲解汉字，其卡片制作精美，能够帮助学习者更快地理解和记忆汉字。

另外，美国史密斯学院（Smith College）东亚语言与文学系师生创建了汉字识字网站（https://sites.smith.edu/chinese-character-literacy/），分享和展示了该校中文学习者的汉字讲解视频，视频简短且生动有趣，可作为参考资料。

（五）感知汉字

1.界定

"感知汉字"的方法适用于介绍生词，让学习者调动视觉、听觉、触觉、味觉、运动觉等多种感官通道来感知汉语字词。学习者利用这些感官通道对字词信息进行编码，形成情节记忆，有助于更好地理解汉语字词并强化记忆。

2.教学内容

我们以"甜、酸、冰"为例。"感知汉字"的方法使用PowerPoint、白板、实物等教学用具。

3.设计

"感知汉字"的方法属于半语境化教学。教师在使用这种方法时可以展示实物的图片，如甜点、柠檬和冰块等，让学生想象"甜、酸、冰"的感觉。教师也可以用实物来调动学生的感官，如给学生吃一颗糖果或一块蛋糕来介绍汉字"甜"，喝一口柠檬汁来感受"酸"，触碰冰块来感受"冰"等。见图1-19到图1-21。

tián
甜
sweet

图1-19

suān
酸
sour

图1-20

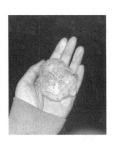

bīng
冰
ice

图1-21

4. 步骤

（1）使用PowerPoint展示目标汉字。

（2）通过齐读和个别诵读让学生掌握目标汉字的正确读音。

（3）教师讲解目标汉字的部首，加深学生的理解。

（4）用图片等让学生对目标汉字有更感性的认识。

（5）教师还可以用动作和实物，引导学生说目标汉字，进而加强学生对目标汉字的理解。

5. 反思

"感知汉字"的方法基于认知理论中的多种感官通道理论。通过动作和实物等调动多种感官在学习中的积极作用，从而加深学生对目标汉字的理解和认知。教师在使用这种方法时，要注意选择合适的学习内容，即确定哪些字词可以通过人体的感官或动作来学习，如动词、形容词和与人体感官相联系的词等就比较合适。教师在教学中利用实物不仅仅是为了活跃课堂气氛，更重要的是要让学生通过多种感官的感知，将字形特点和意义相联系，使之成为一种具象编码储存在记忆中，即通过学生的具体感知来加强对汉字的理解和记忆。[①]

6. 在线资源与网络工具推荐

"感知汉字"的教学方法可以利用在线图片资源和字卡平台。教师可以在网上搜索和目标汉字相关的图片，如在介绍"甜"字时，可以搜索蛋糕、甜甜圈等图片；介绍"酸"字时，可以搜索青柠等图片。一些常用的优质免费图片网站包括Pixabay（https://pixabay.com/）、Pexels（https://www.pexels.com/）和Unsplash（https://unsplash.com/）等。教师还可以利用在线字卡平台，将目标汉字的读音、图片、释义等制作成互动字卡。学生也可以自主创建在线字卡，进一步加深对字词的理解和记忆。常见的在线字卡平台包括Quizlet（https://quizlet.com/）和Anki（https://apps.ankiweb.net/）。

（六）部件拼合

1. 界定

"部件拼合"的方法适用于介绍已经学过的合体字，比如形声字和会意字。学生大脑中已有这些汉字部首和间架结构的知识，"部件拼合"的方法可以帮助学生复习和巩固这些已经学过的字词。"部件拼合"的

---

① 注意：如让学生尝食品，要确认学生没有食物过敏的情况。

方法有两种：一种是使用部件纸质字卡或电子字卡进行部件拼合，另一种是让学生完成汉字完形练习。

2. 教学内容

我们以"看、唱、睡、打、球"为例，教学用具包括PowerPoint、字卡和任务单等。

3. 设计

"部件拼合"的方法属于非语境化教学。教师可以用制作好的部件字卡，字卡上是合体字的各个部件，也可以在PowerPoint上或者在给学生的任务单上将汉字的部件去掉，只给出汉字的拼音和部件信息，让学生补出汉字缺失的部件。图1-22、图1-23是汉字完形练习的PowerPoint。

部件拼合——完形

Pair work & Group work

- kàn shū　　　　 手书
- chàng gē　　　 口 歌
- shuì jiào　　　　 垂觉
- dǎ qiú　　　　　 丁球

图1-22

图1-23

22

4. 步骤

（1）字卡拼合

1）教师把目标汉字的形旁卡或声旁卡排成一排，两个学生上前准备拼字。

2）教师说一个汉字，学生快速找到形旁卡和声旁卡，拼成目标汉字。这个活动可以培养学生快速准确辨别汉字部件的能力。

（2）完形填字

1）教师在PowerPoint上或在分发给学生的任务单上给出汉字的拼音和汉字的部件。

2）学生进行小组讨论，补出汉字缺失的部件。

3）各小组上台，在白板上或者文件投影仪上展示补全的合体字。

4）教师对学生的展示给出反馈，对易错的汉字进行纠正和提醒。

5. 反思

"部件拼合"的方法适用于练习与巩固学过的部件，以加深学生对汉字部件的记忆和认知。此活动还可以有变化的形式，比如说学生手持卡片，教师读词，持有形旁卡和声旁卡的学生走上前，拼出目标汉字。与传统的汉字教学方法相比，"部件拼合"的方法更有趣味性。学生不再是被动地接受知识，而是主动参与到汉字拼合的过程中，这可以提高他们的学习兴趣和参与度。通过小组合作和竞赛的形式，学生也可以增强团队意识和协作能力。其次，传统的汉字教学常常让学生对汉字进行整体识读，不重视汉字部件的讲解。"部件拼合"的方法强调了汉字的构字规则和部件功能，可以帮助学生通过部首（部件）推断字义，达到举一反三的效果。

6. 在线资源与网络工具推荐

在传统的课堂中，教师可以使用制作好的字卡进行部件拼合的活动，也可以使用教室中的白板或者文件投影仪请学生补全合体字。但当教学模式由线下转为线上之后，这样的活动就难以开展了。如果是线上的课堂教学，我们推荐教师使用交互文档，目前常用的交互文档平台包括Google Drive、腾讯文档、石墨文档、金山文档等。

在交互文档使用过程中，多个用户可以同时通过网页浏览器打开并实时编辑共同的交互文档，从而让师生实现同步的、直观的互动。比如，在网络课堂中，教师可以在聊天框中分享在线协作白板或便利贴板的链接，邀请学生在交互文档中点击鼠标拖动拆分后的部件，补全残缺的汉字。师生都可以直接看到文档的变化，教师还可以根据学生的完成结果给出即时反馈。

（七）对比认字

1. 界定

"对比认字"适用于练习与巩固汉字。汉字中存在很多在字形、部件和结构等方面的相近字，教师指导学习者区分这些易混淆的汉字非常必要。"对比认字"的方法是教师列出字形、部件和结构相似的汉字，让学生对这些形近字从字音、字义、字形上进行区分。

2. 教学内容

我们以"醋、酸""渴、喝""菜、茶"这三组词为例，"对比认字"的方法会使用PowerPoint、白板等教学用具。

3. 设计

"对比认字"的教学方法属于非语境化教学。教师在PowerPoint上列出形近的汉字和相应的图片，引导学生注意其字形、字义和字音的不同。教师应先给学生时间思考和讨论，然后再总结和明确形近字的区别。图1-24、图1-25和图1-26是PowerPoint示例。

cù
醋

suān
酸

(n.) vinegar

(adj.) sour

醋很酸。

图1-24

kě
渴

hē
喝

(adj.) thirsty

(v.) to drink

我很渴，得喝水。

图1-25

cài
菜

chá
茶

non-staple food;
vegetable

tea

图1-26

4. 步骤

（1）教师使用PowerPoint展示目标汉字。

（2）学生互相讨论每组汉字在字形、字音和字义上的异同。

（3）学生报告讨论结果。

（4）教师进行总结。

（5）教师说出由目标汉字组成的词，要求学生进行辨析。

5. 反思

"对比认字"的方法基于认知理论中的竞争理论，通过对比，引导学习者注意笔画和部件的细节，帮助学习者了解形近字的异同，以便其在头脑中建立明确的图式结构，做到对目标汉字的准确提取。运用该方法时，教师要注意培养学习者辨析形近字异同，以及在语境中正确提取目标汉字的能力。

6. 在线资源与网络工具推荐

教师可以利用Quizlet和Anki等在线字卡平台，根据教学大纲和学生的具体情况，创建有针对性的形近字学习内容。教师也可以鼓励学生在学习过程中主动创建形近字的在线字卡，以巩固所学知识，加深记忆。教师还可以推荐学生使用一些在线资源和网络工具，辅助汉字形近字的学习，如汉典等在线字典提供汉字的字源字形、详细解释等，有助于学生更准确地辨析形近字，进一步提高学生的汉字学习效率。

（八）看图说词①

1. 界定

"看图说词"的方法适用于练习与巩固已经学过的词语。教师用PowerPoint或者打印好的字卡或照片展示跟所学词语紧密相关的图片。"看图说词"的方法可以帮助学生将概念与具象表征联系起来。

2. 教学内容

以 "森林、土地、湖水、鹅、花和草"及"看电视、看电影、唱歌、打球"这两组词语为例，所使用的教学用具为PowerPoint和字卡。

3. 设计

"看图说词"的方法属于半语境化教学。教师可以在网络上搜索与课

_____

① 该方法在北京语言大学出版社官网上有演示视频。

文生词相关联的图片，在PowerPoint上进行展示。教师在课堂上让学生根据图片快速说出与课文相关的生词。教师也可以进行拓展提问，引导学生说出包含目标词语的句子，然后让学生复述完整句子。图1-27、图1-28是"森林、土地、湖水、鹅、花和草"及"看电视、看电影、唱歌、打球"这两组词语教学的PowerPoint。

图1-27

图1-28

4. 步骤

（1）"森林、土地、湖水、鹅、花和草"

1）教师用PowerPoint展示一张自然风景图片，图片中包括了森林、土地、湖水、鹅、花和草等元素，同时用英文对这些元素进行标注。

2）在PowerPoint的另一侧，列出这些图片元素对应的中文生词，并在生词旁边标注相应的拼音。

3）引导学生通过分析这些汉字所包含的部首义，猜测这些字词的意思。教师让学生尝试将这些中文生词与图片中的元素进行匹配，并解释匹配的原因。

4）通过齐读或个别诵读，检查学生是否能快速辨认这些生词。

（2）"看电视、看电影、唱歌、打球"

1）教师用PowerPoint展示和目标词语相关联的图片。

2）教师根据图片问问题，要求学生说出含有目标词语的句子。

例如：

老 师 问："他们在做什么？"

学生回答："他们在看电影。"

老 师 问："你喜欢看电影吗？"

学生回答："我喜欢看电影。"

老 师 问："你常常跟谁一起看电影？"

学生回答："我常常跟我的朋友一起看电影。"

3）教师出示目标生词字卡，根据图片说出含有目标生词的句子，然后要求学生复述句子。

5. 反思

"看图说词"的方法是根据认知理论中的双编码理论，将直观性的图片与汉语字词相联系，把字词的音形与意象挂钩，形成意象编码①，即在学生的头脑中形成一幅与某一字词相对应的图像，帮助学生建立已知音义与未知字形之间的联系，同时将孤立的字词和语境相结合，使之成为有意义的概念。教师在使用这种方法时要注意四点：一是意象和字词要有紧密的关联性，即学生可以通过具体意象联想起字词的音和形；二

---

① 沈禾玲 . 汉语二语字词教学（第 2 版）[M]. 北京：北京语言大学出版社，2020：111.

是要注意对一个字或词不要使用过多的具体意象，以免增加记忆负担；三是要运用具有生活真实性的具体意象，使学生的学习内容与生活相联系；四是需要尽量选择和使用清晰明了、分辨度高的图片。

6. 在线资源与网络工具推荐

教师应该鼓励学生课后利用在线字卡等工具来巩固所学生词。在线字卡是一种在线学习工具，可以帮助学生记忆汉语字词。与传统字卡不同的是，在线字卡可以让学习者自己加音频和图片，生动的图片作为意象编码，可以帮助学生更好地记忆生词。

常用的字卡平台包括Quizlet（https://quizlet.com/）和Anki（https://apps.ankiweb.net/）等，这些在线字卡同时支持电脑端和移动端。Quizlet还提供了多种学习模式，如卡片复习、测试复习、连线复习和小游戏等。这些模式能够激发学习者的兴趣，缓解机械背诵的疲劳。Quizlet还能记录学习者的错误率并给出即时反馈。另外，除了可以创建自己的词库以外，Quizlet还支持学习者搜索和使用其他用户创建的单词表和词库。教师也可以创建自己班级的词库并邀请学生加入。

（九）谁是卧底

1. 界定

"谁是卧底"的方法适用于练习与巩固生词。这种方法让学生在教师给出的若干词语中找出与其他不同的异类，可以是语义上的异类，例如在"看电影、看书、吃饭、看电视"中，"吃饭"是"卧底"，虽然这四个词都表示动作，但其他三项都与眼睛的动作"看"有关，只有"吃饭"与嘴巴的动作"吃"有关；也可以是词性上的异类，例如在"个、张、杯、瓶、喝"中，"喝"是"卧底"，因为其他几个都是量词，只有"喝"是动词。学生需要根据语义或者词性等标准，判断出所给词语中不属于同类的词。

2. 教学内容

我们用与"感觉""季节"有关的词语示范这一方法。这一方法适用于练习与巩固已经学过的字词。"谁是卧底"的方法一般使用PowerPoint和任务单等教学手段。

3. 设计

"谁是卧底"的方法属于半语境化教学。学生需要主动思考词语之间的联系，找出相似点和不同点。"谁是卧底"的方法可以帮助学习者建立字词的语义网络。教师可以列出当课的生词，也可以复习已经学过的词语。图1-29是"天气"主题中与"感觉""季节"有关的词语PowerPoint。

谁不一样？

• Group 1:

冷　　　热　　　暖和　　　舒服　　　夏天

• Group 2

冬天　　　夏天　　　下雨　　　秋天　　　春天

图1-29

4. 步骤

（1）教师用PowerPoint展示几组词语，发放任务单，要求学生找出每组词中的异类（"卧底"）。

（2）学生准备几分钟，在准备过程中可以与班级同学进行讨论。

（3）教师请学生说出几组词中的"卧底"，并让学生解释原因。

（4）教师进行评价和反馈。

5. 反思

"谁是卧底"的方法能促进学习者主动思考词语意义和词性之间的

区别与联系。尽管在中文学习的初级阶段学习者积累的词汇量还很少，教师仍可以通过引导学生主动思考来加深对语义和句法的理解。在找出"卧底"之后，还应该引导学习者解释词语之间在语义和句法上的异同，从而在其大脑中建立词汇网络，培养学生的元语言意识。

6. 在线资源与网络工具推荐

"谁是卧底"的方法还可以通过在线测试网站来完成。教师可以在课堂时间组织学生进行在线答题游戏，在竞赛中比拼认字的速度和准确度，帮助学生深度参与学习活动，激发学生的学习兴趣。比较常用的在线测试平台包括Kahoot、Quizizz、Mentimeter等。

Kahoot是一个互动平台，教师可以在Kahoot上创建测试，录入问题与答案，通过分享PIN码或者二维码邀请学生在电脑、手机或者移动平板上参与竞答。教室的大屏幕会呈现题目，教师也可以选择背景音乐营造游戏氛围。学生需要选择与大屏幕上选项相同的图形作答，课堂上的师生可以在大屏幕上查看已回答和未回答学生的数量。规定答题时间结束后会公布问题的答案，获知答对与否。Kahoot的竞答实行积分制，积分基于准确度和速度，即回答越快越准确的人积分越高，屏幕上会显示全班的积分排名。Quizizz的操作跟Kahoot非常相似，在此不再赘述。

Mentimeter是一款实时交互式演示平台，教师可以利用Mentimeter在课堂中组织头脑风暴、问卷调查、选举投票等活动。该平台提供多种问题类型，如选择题、排序题、开放式问题等，答案呈现也可以选择多种形式，如柱状图、饼图、比例图和文字云等。当教师设置好问题的选项后，学生可以登录网址参与实时互动。例如：教师可以列出所有词语的选项，请学生投票选出其中的"卧底"词语（例如Group 1中的"卧底"词是"夏天"，Group 2中的"卧底"词是"下雨"），学生的选择结果可以实时显示在屏幕上。

（十）群分类聚

1. 界定

"群分类聚"的方法适用于练习与巩固生词。"群分类聚"是指教师引导学生主动将字词进行归类分组。分组的标准有以下几种：（1）按照语义特征分组，比如"春天、夏天、秋天、冬天"都是跟"季节"相关的词语；（2）按照词性分组，比如"冷、热、舒服、暖和"都是形容词，而"天气、公园、加州"属于名词；（3）根据近义词与反义词等语义联系进行分组，比如"冷、热"是一组反义词，而"冷、凉快"则是一组近义词。

2. 教学内容

示例的活动所选用的主题是"天气"。根据语义联系，这一主题中的词语主要可以分为"季节"（春天、夏天、秋天、冬天）、"天气"（下雨、下雪）、"感觉"（冷、热、暖和、舒服）等。"群分类聚"的方法使用PowerPoint和字卡等教学用具。

3. 设计

"群分类聚"的方法属于半语境化教学。这种方法可以在平常的字词课中用来复习生词，也可以在一个单元的复习课中用来串联学过的字词。教师可以先给出归类提纲，即语义或词性关键词，然后引导学生将生词归入这些类别；也可以只给出词汇表，让学生主动发现词语之间语义和词性的异同，将词汇表中的字词进行归类。这里我们给出的示例是引导学生根据语义联系进行归类。图1-30是"天气"主题的PowerPoint。

想一想
Word Grouping

• 季节 season：春天、夏天、秋天、冬天

• 天气 weather：下雨、下雪、糟糕

• 感觉 feeling：冷、暖和、热、舒服

图1-30

4. 步骤

（1）教师在PowerPoint上展示语义关键词，比如"季节、天气、感觉"等。

（2）学生进行小组讨论，将手中的字卡根据语义进行归类。

（3）教师请学生展示归类结果，并进行评价和反馈。

（4）教师用PowerPoint展示归类的生词，学生齐读。

5. 反思

"群分类聚"和"谁是卧底"类似，都是引导学生思考字词之间的联系，加深学习者对字词语义和句法的理解，并建立词汇网络。课文中的词汇表一般按照生词出现的顺序来排列，意义的归类可以减轻学习者的认知负荷。在归类的过程中，教师也可以鼓励小组协作，引导积极的课堂互动。与其他字词教学方法相比，"群分类聚"的方法有以下几个优势：首先，这种方法鼓励学生主动探索字词之间的联系，发现它们在意义、词性等方面的异同。这种对比与归类的过程有助于学生在头脑中建立起词汇网络，加深对字词的理解和记忆。其次，这种方法能激发学生的学习兴趣。与机械的重复和记忆相比，归类活动更具有挑战性和趣味性。学生需要讨论争辩，在这个过程中，他们的学习热情就会被充分调动起来。小组合作的形式也增加了学生之间的互动和交流，营造了活跃的课堂氛围。当然，"群分类聚"也有一些需要注意的地方。如教师需要根据学生的水平和课文内容，精心设计归类的标准。如果分类过于随意或者复杂，可能会影响教学效果。另外，归类活动不应占用过多的课堂时间，教师需要确保学生有足够的时间进行操练。

6. 在线资源与网络工具推荐

"群分类聚"的方法适用于复习与运用生词。如果是在线课堂，教师可以使用我们之前介绍过的交互文档和Zoom平台内置的注释（annotation）功能。教师首先在交互文档或者共享屏幕上列出词语的大类名称（如季节、天气），然后邀请学生在文档或屏幕上打出所想到的相关生词，尽可能多地列出学过的词语。

教师也可以将"群分类聚"的任务布置成作业分配给学生，借助思维导图软件来串联起所学的词语。思维导图是一种图形化的工具，学生可以通过思维导图将已经学过的生词组织起来，构建词汇网络，从而更好地记忆和掌握这些生词。常见的思维导图软件包括XMind、MindNote、MindManager、FreeMind和幕布等。教师可以打印出用思维导图制作好的任务单，请学生来填写；也可以鼓励学生自己制作思维导图，并在课程学习平台上（比如Canvas）与同学共享。

（十一）字词串联

1. 界定

"字词串联"的方法适用于复习与运用已经学过的生词。在中文学习的初级阶段，虽然学习者积累的词汇量不多，但是已经学习了一些常用字词和常见部首。"字词串联"的方法就是教师引导学生找出目标汉字的部首，鼓励学生联想已经学过的包含该部首的其他字词，温故知新，让学生把已经学过的字词通过部首串联起来，从而对汉字的字形、字义有更深的理解和体会。比如："滑冰"这个生词中"滑"的部首是"氵"，学生已经学过"汉、没、漂、洗澡"等包含"氵"部的字词。

2. 教学内容

我们以"滑冰"为例示范这一方法，要求学生回忆已经学过的含有"冫、氵"部首的汉字。"字词串联"的方法使用PowerPoint和字卡等教学用具。

3. 设计

"字词串联"的方法属于非语境化教学。教师引导学生找出本课所学生词的部首，鼓励学生主动思考，写出已经学过的含有相同部首的汉字，从而将新知识与旧知识联系起来，让学习者在头脑中形成以部首为中心的汉字网络。在课堂中，教师可以组织以小组为形式的竞赛活动，鼓励学生在规定的时间内尽可能想出更多的包含相同部首的字词。图1-31、图1-32是"氵"部和"冫"部的字词串联PowerPoint。

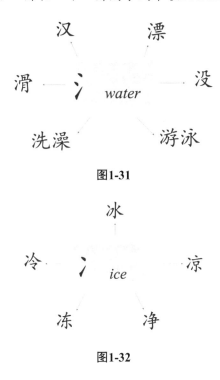

图1-31

图1-32

4. 步骤

（1）教师引导学生找出所学汉字的部首。

（2）将班级分成若干小组，每组学生在规定时间内尽可能多地想出包含该部首的字词。

（3）各小组在白板或者文件投影仪上展示通过部首串联起来的字词。

（4）教师对学生的展示给出反馈，对易错的相似部首进行提醒，并评选出优胜小组。

（5）齐读所有字词，进一步巩固已学字词的形、音、义知识。

5. 反思

通过"部首认字"的方法，学习者对汉字的正字法知识有了一定的了解。而"字词串联"的方法则可以鼓励学生主动思考，培养学生分析汉字和建构词汇网络的能力。"字词串联"的方法让生词与学过的字词在字形、字义上建立联系，从而在大脑建立图式，减少了认知负荷。同时，教师根据认知加工深度理论，利用部首对所学字词进行串联，有利于加深学生对汉字部首知识的认知。

6. 在线资源与网络工具推荐

如果是在线课堂，我们推荐教师使用交互文档，比如前面提到的Google Drive、腾讯文档、石墨文档、金山文档等。教师可以在聊天框中分享在线文档的链接（比如Google Docs），先在文档中列出部首，然后邀请学生访问在线文档，将想到的包含该部首的字词输入交互文档中，师生可以共同编辑文档，并同步看到新输入的字词。

除了交互文档以外，如果是使用Zoom会议软件进行同步教学，可以利用平台内置的注释（annotation）功能，邀请学生在共享的屏幕或白板（whiteboard）上进行互动，如打字、连线、添加符号等，教师也可以即时回应和反馈。例如：用"字词串联"的方法时，教师可以请学生在共享屏幕上添加文本框，输入包含该部首的汉字，或者请学生使用画图功能，用鼠标或者平板触控笔在共享屏幕上写出相应的汉字。

（十二）语素拓展

1. 界定

语素是指语言中最小的音义结合体，例如"馆"，读音为guǎn，用作语素可以表示某些服务性商店的名称，比如茶馆，也可以指一些进行文体活动的场所，比如博物馆。汉语中的大部分词是由两个语素构成的。"语素拓展"的方法适用于复习与运用字词。在出现常用语素时，教师可以拓展包含该语素的常用词语，帮助学生理解语素的意义，并举一反三，掌握更多的词语，建立词汇网络。

2. 教学内容

我们以包含语素"馆"的常用词语为例进行示范。"语素拓展"的方法使用PowerPoint、字卡和任务单等教学用具。

3. 设计

"语素拓展"的教学方法属于半语境化教学。教师通过对生词的介绍，引导学生注意生词中的语素，然后拓展包含该语素的常用词语。教师也可以在"语素拓展"的过程中简要介绍汉语构词法。"语素拓展"的方法能够让学生更深刻地理解词语的意义，扩大词汇量，增加学习汉语字词的趣味性。

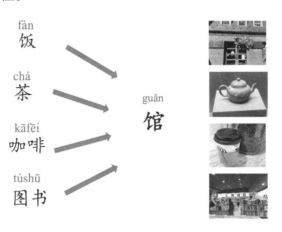

图1-33

4. 步骤

（1）使用PowerPoint展示目标字词（含语素"馆"的常用词语），引导学生分解目标字词，找出构词语素。

（2）通过提问的方式引入包含相同语素的常用词。

（3）通过齐读和个别诵读使学生掌握所拓展的字词的正确读音。

（4）教师再次展示图片，引导学生说出目标字词，巩固对所学字词的理解。

5. 反思

"语素拓展"的方法充分利用了汉语语素的特点，通过分析词语的结构特点，由字带词，有效地扩大词汇量。在使用这一方法时，教师应该考虑学习者的认知负荷，不应一次介绍太多的词，教学重点还是在当课的生词上。

6. 在线资源与网络工具推荐

"语素拓展"的字词教学方法可以借助思维导图软件来完成。我们已经在讨论"群分类聚"的方法时介绍了思维导图软件，在此不再赘述。教师可以鼓励学生用思维导图总结出含有相同语素的词汇网络，并在课程学习平台（比如Canvas）上与同学共享。

（十三）你演我猜

1. 界定

"你演我猜"的方法适用于复习与运用已经学过的生词，教师在课堂中可用游戏的方式让学生积极参与。"你演我猜"就是一个学生根据所看到的词语进行表演，可以使用夸张的动作、表情给出猜词线索，也可以使用汉语进行描述，但是不能包含所要猜的目标字词，也不能使用学习者的母语，另一个学生根据所给出的线索猜目标字词。

2. 教学内容

我们以"看电视、看电影、唱歌、打球"这几个词语为例进行示范。"你演我猜"的方法使用PowerPoint和字卡等教学用具。

3. 设计

"你演我猜"的方法属于半语境化教学。教师可以组织小组比赛，在规定时间内猜出最多词语的小组胜出。对于初级学习者来说，用汉语进行描述是比较困难的，所以一般在初级汉语课堂中，学生只会动用身体动作来给出线索，因此这种方法较适用于学习动作动词。

4. 步骤

（1）教师将班级分成若干小组，并负责计时和展示词语给表演者。

（2）小组内同学分别负责表演和猜词。学生可以选择跳过认读或者表演有困难的词语。

（3）教师统计小组比赛结果。活动结束后，带领学生齐读所有词语，对比较困难的词语做进一步的复习和巩固。

5. 反思

"你演我猜"的方法使用了认知理论中的多种感官通道理论。多种感官通道是指个体感知系统可以运用多种感官通道感知同一事件和事物。"你演我猜"的方法可利用人体的视觉、运动觉等，用非语言系统对词语进行加工，帮助记忆和储存信息。这种方法尤其适合运动觉倾向的学习者。本方法中用到的小组竞争形式能够快速活跃课堂气氛，提高学习者的课堂参与度。不过，教师在使用这种方法时，要注意课堂时间管理。

6. 在线资源与网络工具推荐

教师可以在Quizlet（https://quizlet.com/）或Anki（https://apps.ankiweb.net/）上创建生词卡，打印出来后就可以用于"你演我猜"中的词语抽取和展示环节。教师也可以用在线计时器来控制词语的表演时间。教师还可以利用Padlet（https://padlet.com/）在线协作平台创建一个"你演我猜"的主题墙，在上面贴出目标字词，促进学生的互动和参与。

（十四）就景说词①

1. 界定

"就景说词"的方法适用于复习与运用已经学过的生词。"就景说词"就是教师设置语境，在语境中练习生词。教师还可以根据语境向学生提问，学生可以运用目标生词造句。在"就景说词"中，师生之间及生生之间运用目标生词进行交流。

2. 教学内容

我们以"在饭馆吃饭"和"城市与季节"这两个情境为例示范这一方法。"就景说词"的方法所使用的教学用具包括PowerPoint、字卡和网络地图等。

3. 设计

"就景说词"的方法属于语境化教学。教师通过设置语境来介绍生词。初级学习者语言水平较低，还不能完成描述或叙述的任务，因此教师应循循善诱，用提问的方式引导学生用目标字词造句和回答问题。图1-34、图1-35是以上两个情境的PowerPoint。

fànguǎn
饭馆

wèizi
位子

zhuōzi
桌子

càidān
菜单

fúwùyuán
服务员

图1-34

---

① 该方法在北京语言大学出版社官网上有演示视频。

图1-35

4. 步骤

（1）在饭馆吃饭

1）教师用PowerPoint展示目标生词。

2）教师根据字词设置语境"饭馆"。结合部首和字源知识在语境中讲解生词，并复习学过的部首知识。

3）运用字卡复习生词。首先齐读，然后要求个别学生认读，以检查学生的掌握程度。

4）教师根据"饭馆"的语境提问，可以针对PowerPoint上的图片提问，也可以询问学生自己的亲身经历。

例如：

你常常去饭馆吃饭吗？你常常去中国饭馆还是美国饭馆？你跟服务员聊天儿吗？中国饭馆的桌子和美国饭馆的一样吗？中国饭馆的位子多不多？

5）学生根据语境，运用目标字词造句和回答问题。

（2）城市与季节

1）引导学生复习已经掌握的相关词语，通过图片激活学生对这些词语的记忆，这些词语包括名词（如四个季节的名称）、形容词（如描述感觉的冷、热、暖和、舒服等词），以及一些城市的名字（如艾奥瓦、芝加哥、波士顿等）。

2）教师可以根据"城市与季节"的主题进行提问，既可以针对PowerPoint上展示的图片进行提问，也可以询问学生的亲身经历。

例如：

> 艾奥瓦的冬天冷不冷？加州的呢？波士顿去年冬天下雪了吗？你今年夏天去哪儿？这儿的秋天常常下雨吗？哪儿的春天最漂亮？你最喜欢哪个季节？

3）请学生在网络地图上选择并标注一个城市，这个城市可以是他们的家乡，也可以是他们特别喜欢的地方。然后，教师让学生自行搜索并添加这个城市的图片，并写下几句话来描述这个城市，例如：

> 这是哪个城市的照片，这个城市在某个季节的天气如何，他们为什么喜欢或不喜欢这个城市，等等。

4）在学生完成编辑后，教师可以邀请他们分享并展示他们的Padlet故事墙，同时用两三句中文向同学报告。

5. 反思

"就景说词"的方法可以培养学生根据语境正确运用目标字词的能力。使用这种方法时，教师应注意设置的语境要与学习者的日常生活紧密相关，是学生经历过或者较熟悉的情景，以便学生学以致用。

6. 在线资源与网络工具推荐

Padlet是一个在线协作平台（https://padlet.com/），它相当于一个虚拟的"故事墙"或"便签墙"。我们可以轻松地将需要分享的图片、视频、文字等添加到这面"墙"上进行展示，适用于在线课堂中的分享和交流活动。在"就景说词"的教学方法中，教师可以鼓励学生针对特定的学习主题和情境搜索并展示相关图片，同时也可以收集和分享学生的句子，这样既可以促进学生之间的互动，也可以对学生的学习情况进行及时反馈。

另外，虚拟现实（VR）技术的发展为外语学习打开了新的大门。借助虚拟现实（VR）技术，学习者可以身临其境地学习，如在虚拟的中国饭馆点菜或者在虚拟的北京街头打车等。学生可以在仿真的沉浸式环境中使用目标语，自行安排学习时间和进度。这种模拟真实世界的体验还可以帮助学生减少学习焦虑、增强学习兴趣。但是目前支持中文学习的虚拟现实（VR）应用还比较少，另外学生需要自己购买VR眼镜和软件，如在VRlingual 网站（http://www.vrlingual.com/）上购买虚拟现实（VR）中文教学软件。

（十五）读句填词 [①]

1. 界定

"读句填词"的方法适用于复习与运用生词。"读句填词"就是教师给出一个小的段落，段落中有一部分信息缺失，需要学生用正确的字词进行完形填空。"读句填词"可用于复习当课所学的词语，让学生在有意义的段落中理解词语使用的语境。

2. 教学内容

我们以"饭馆、位子、好吃、服务员、饿、渴、点菜"为例示范这一方法。"读句填词"的方法使用PowerPoint和任务单等教学用具。

3. 设计

"读句填词"的教学方法属于语境化教学。教师需要先根据课文内容改写出几个句子或者一段小对话和小段落，句子或者段落中应当包含

---

① 该方法在北京语言大学出版社官网上有演示视频。

当课所学的重点词语。然后将这些重点词语空出，做成完形填空任务单发给学生。"读句填词"可以让学生默读段落，然后从词汇表中选出正确的字词填空；也可以做成"信息差"的形式，两个学生各有一部分信息，需要互相朗读来填空。图1-36、图1-37是这两种练习形式的PowerPoint。

段落填空：

饭馆 位子 好吃 服务员 饿 渴 点菜

高小音和白英爱在商场买东西买了四个小时，她们觉得又（饿）又（渴），想去离商场很近的一家中国（饭馆）吃饭。今天是星期六，饭馆里的人非常多，连一个（位子）都没有。（服务员）跟她们说，她们得等半个小时才能（点菜）。小音说，这里的中国菜很（好吃），我们等一等吧！

图1-36

信息差：

任务单

a. 我家附近有一家中国（1 饭馆），那里的中国菜真（2　　）！
　 我家附近有一家中国（1　　），那里的中国菜真（2 好吃）！

b. （1 服务员）给我们介绍了这家饭馆（2　　）的菜。
　 （1　　）给我们介绍了这家饭馆（2 好吃）的菜。

c. 请问还有没有（1 位子）？　　　请问还有没有（1　　）？
　 有位子，那张（2　　）没有人。　有位子，那张（2 桌子）没有人。

图1-37

4. 步骤

（1）教师将班级分成若干小组，一般两个学生为一组。

（2）教师给每个学生发一张任务单，每张任务单上有一个句子，每组的句子相同。学生互读句子，补全信息。

（3）教师用PowerPoint展示句子，学生齐读。

5. 反思

"读句填词"的方法是以阅读为基础的字词运用练习，主要培养学生在句子中运用字词的能力，同时也能锻炼汉语字词的书写能力。教师在运用这一方法时要注意句子的难度和长度，以免学习者产生畏难情绪。

6. 在线资源与网络工具推荐

教师可以在网络同步课堂中使用Nearpod，该平台有多种活动设计功能，包括测验（quiz）、完形填空（cloze）、连线配对（matching pairs）、合作（collaborate）、投票（poll）、开放式问答（open-ended questions）和互动式教学影片（interactive instructional video）等，教师可以根据需要选择，实现多样化的教学活动，增强网络课堂中的互动性。例如完形填空（cloze）功能可以被应用到在线课堂，完成"读句填词"中的"段落填空"活动。教师可在课前设计好段落填空问题，在课堂中邀请学生使用Nearpod互动软件来完成；Nearpod还可以帮助教师实时查看学生的答题进度和情况，在线收集学生的反馈。

四、教学评估与反馈

教师要对学生运用生词的学习结果进行评估。教师可以用字卡、练习纸或者在线工具（如Quizlet和Kahoot）测试学生对汉字音、形、义的掌握程度，以及如何用学到的汉字知识来解决问题、完成任务。如让学生根据学到的字源知识写出汉字，将声旁和义符组合成一个学过的汉字，用学过的生词根据语境造句，等等。下面是通过Kahoot平台创建的在线测试题（图1-38到图1-41），这些测试题旨在检验学生对汉字部首和语义关系的理解。

Based on the meaning of 人, which of the following might be the possible English equivalent of the Chinese character 众?

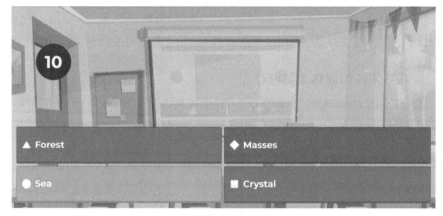

▲ Forest　　　　　　　　　　◆ Masses

● Sea　　　　　　　　　　　　■ Crystal

图1-38

Based on the meaning of 氵, which of the following might be the possible English equivalent of the Chinese word 游泳?

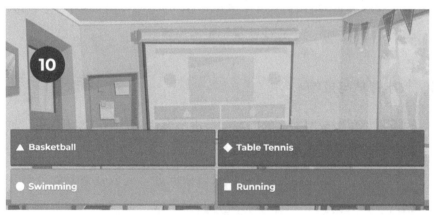

▲ Basketball　　　　　　　　◆ Table Tennis

● Swimming　　　　　　　　■ Running

图1-39

图1-40

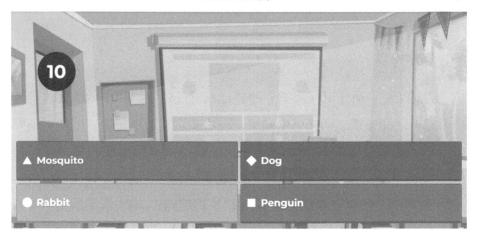

图1-41

第二章

中级汉语二语字词教学方法

　　这一章主要讨论的是针对汉语中级水平学习者①的字词教学方法。这些方法既可用于专门的字词课，也可用于综合课的字词教学，可以帮助学生学习和运用所学的字词。在介绍具体的教学方法前，我们先探讨一下中级汉语字词教学设计时应考虑的几个重要因素。

一、教学特点

　　根据汉语字词知识深度概念的界定，对汉语字词知识的掌握包括五个因素：定义知识、词义引申知识、句法知识、语用知识，以及词汇网络知识（沈禾玲，2020）。在初级汉语课本中常常出现的汉字知识包括：（1）汉字的造字方法，即象形、指事、会意、形声、转注和假借；（2）高频部首的读音和释义；（3）汉字的结构；（4）汉字的基本笔画及笔画顺序。相关的练习注重加强对汉字基本知识的巩固。比如：在汉字结构方面加强学生对汉字的认知，同时引导学生以汉字部件而不是笔画为基本单位来记忆汉字。随着所学字词数量的增加，教师在教学中开始引入语素知识，也有了对语素知识的练习。所以，学完初级汉语，学生应该积累了汉字部件的基础知识和一定的词汇量。在中级汉语字词的

---

① 指的是北美地区普通大学汉语作为第二语言的二年级学习者。

教学过程中，教师则应帮助学生逐步加深字词知识，培养学生自学汉语字词的能力，为高年级的汉语字词学习打下坚实的基础。

研究表明，学习者在汉语学习开始阶段就能区分合体字的部件，并能把不认识的合体字分解为知觉部首（沈禾玲，2020）。沈禾玲（2020：63）指出，"学生在从一到三年级的学习中，部首知识每年都稳定增长，但是有效地运用部首知识学习汉字的应用能力则到第二年学习结束后才有明显的增强。"所以，如何增强这种应用能力是中级阶段汉语字词教学的一个重点。在教学过程中，教师应该有意识地将高频部首的学习和复习融入每课的字词教学中，帮助学生巩固并发展缀字知识，增强利用部件进行字义、字音记忆的能力。同时，提供有意义的课内外练习。

在中级汉语字词教学阶段，学生的词汇量不断扩大。那么，怎样帮助学生采用有效的学习策略，更好地理解和记忆词义呢？其中的一种方法就是通过语素来学习。吕文华（2014：23）认为，汉语中约占97%的语素是单音节的，它们组成新词的能力极强，而且其中许多单音节语素本身就是词。学习语素有利于建立汉字音、形、义的联系，从而加强汉字的记忆，减少错别字，扩大词汇量，以及增强学生理解词语、辨析同义词的能力。由此可见，以语素分析为重点的教学方法是非常重要的。这种方法可以用来介绍生词，并复习学过的词语，它属于非语境化教学。在具体教学中，教师也可以加入句子和小对话，让学生在半语境和语境中进行练习。语素分析法也是一种将生词分类记忆的方法，可以减少认知负荷，帮助学生在新词与旧词之间建立联系，达到有意义的学习的目的。

在中级汉语字词学习阶段，学生逐渐接触到了成语等固定词组。学生对成语很感兴趣，希望多学多用。但由于成语的语法功能和语用意义都比较复杂，学生往往不能很好地掌握。吕文华（2014）认为固定词组的偏误主要表现在两个方面：一是对其语义的理解不够准确、全面，二是不了解固定词组的语法功能和入句规则。所以，为在高级阶段掌握汉语字词打下良好的基础，教师有必要在中级阶段加强固定词组的教学，从学习难点入手设计教学方法。

在中级汉语字词的学习过程中，语义的复杂性逐渐增加，而"汉语是缺乏严格意义的形态变化的语言，在词与词的搭配上，语义起着决定性作用"（吕文华，2014），因此在教学中要加强词语搭配的语义教学。那么如何进行语义教学呢？吕文华（2014）认为，在教学中，教师应着重分析词语搭配的语义关系，并注重词语搭配中关键实词的语义特征。

近年来网络工具广泛应用于语言教学。Lewis, T. et al（2017）认为网络工具加强了个性化和合作学习，让语言学习者提高了学习主动性。沈禾玲（2020）也认为字词学习必须是有意义的主动学习过程。各种网络工具让学习过程中的信息查询和互动交流更加便捷，也提供了更多方式来引导学生对字词知识进行认知和理解。所以中级汉语的字词教学借助一些网络工具，可以为学生学习字词提供更多的手段，进一步促进主动学习。

在课堂教学中，教师应以认知理论为指导，采用有效的教学途径来实现有意义的学习。沈禾玲（2020）把有意义学习的教学途径分为三个层次，即非语境化途径、半语境化途径、语境化途径。在中级阶段，这三个层次的教学途径都会应用到教学中。非语境化途径帮助学生建立字词的音、形、义联系，学习和理解部件及语素。半语境化途径帮助学生掌握字词在句子中的用法，并建立相关字词之间的联系。语境化途径帮助学生将所学字词应用于实际生活中，并拓展句法和语用知识。另外，教师还应该注重培养学生汉语字词的学习能力，让学生反思并选择积极的学习策略，促进主动学习。

在具体的教学设计中，教师可考虑以下方面：

（1）加强新旧字词知识之间的联系，通过习得部首、语素，激活对新词的认知，进而建立字词的图式结构。

（2）鼓励学生对汉语字词进行自主加工，强化学生对汉字音、形、义的编码能力，建立词汇网络。

（3）通过非语境化、半语境化、语境化教学途径帮助学生运用所学的字词。将字词的运用融入学生的生活，加强学生对字词的感知和理解。

（4）教师通过使用网络工具来丰富教学手段，提供真实语境，提升学生的学习兴趣，让学生主动运用目标字词，并通过一系列学习活动促进学生之间的合作学习，完成交际任务。

二、教学目标

中级汉语字词课的教学目标如下：

（1）教学活动以对汉字的音、形、义加工为主，培养学生的字词认读能力，让学生了解字词的使用范围，并在真实语境中正确运用所学字词，巩固已学字词，加强学生对目标字词的理解。

（2）帮助学生辨析易混淆的字词，结合相关知识，在头脑中建立心理词库。

（3）以培养学生主动学习能力的理论为指导，设计教学活动，培养学生汉语字词的自主学习能力。

（4）利用网络资源设计有效的教学活动，培养学生在数字时代自主学习和合作学习的能力，并将其应用到汉语字词的学习中。

三、教学方法

根据Ausubel（1963）的有意义学习理论，沈禾玲（2020）提出了一个"三阶段汉语二语有意义字词学习框架"，即理解阶段、内化阶段和整合阶段。在这一学习理论指导下，课堂的字词教学步骤一般为：（1）介绍字词，让学生熟悉字词的音、形、义；（2）设计活动练习与巩固所学字词，让学生进一步理解字词；（3）复习所学字词，并帮助学生在真实语境中正确运用字词。在教学中，教师运用非语境化、半语境化和语境化的字词活动，帮助学生进行有意义的学习，即从理解新的字词知识到能够内化所学的字词，最后能熟练、正确地运用字词。在语境化教学活动中评估学生的整体学习效果。教学的顺序是从教师直接或间接指导开始，到培养学生主动建构字词图式结构，再到将字词学习与使用语境有效结合，最终完成交际任务。在每个教学步骤中，教师可以选择合适的网络资源和工具来辅助课堂教学，激发学生的学习兴趣，促进学生主动学习，提高课堂教学质量。

　　本章将展示15种针对中级汉语学习者设计的汉语二语字词教学方法。所列举的教学方法基于字词教学理论，不受教材的限制。

表2-1　15种中级汉语二语字词教学方法

教学步骤	教学方法
介绍生词 New Words Introduction	解说词语
	语素探究
	分析推义
	搭配填词
	温故知新
练习与巩固生词 New Words Practice and Consolidation	部件归类
	词汇网络
	词语连线
	按图描述
	话题串词
复习与运用生词 New Words Review and Application	故事串词
	短信练词
	读中温词
	主题练词
	综合练词

　　如表2-1所示，这15种教学方法分别用于三个教学步骤，即介绍生词、练习与巩固生词、复习与运用生词。每个步骤各有5种方法。介绍生

词的教学方法包括解说词语、语素探究、分析推义、搭配填词、温故知新。（1）解说词语是引导学生对词语进行自主加工，培养学生对词语的编码能力，通过自己的分析解说来学习字词；（2）语素探究是指学生通过对语素的学习来积累词汇，建立心理词库及新的认知图式；（3）分析推义着重于成语的教与学，帮助学生加深对语义的理解，能正确运用成语；（4）搭配填词的方法可帮助学生加深对实词语义特征的理解，通过词语搭配的练习提高学生正确运用词语的能力，为高年级的阅读和写作打下良好的基础；（5）温故知新适用于教授能用汉语解释清楚的生词，可加强新旧词语的联系。

练习与巩固生词的教学方法包括部件归类、词汇网络、词语连线、按图描述、话题串词。（1）部件归类适用于对汉字部首知识的学习，可以帮助学生积累相关知识，提高自主学习字词的能力；（2）词汇网络的方法可帮助学生建立新旧词语的联系，强化对新词的记忆；（3）词语连线通过寻找与目标生词有意义联系的词来增强学生对目标生词的记忆，目标生词可与学生生活紧密联系，增强学生的学习兴趣；（4）按图描述是以某个话题为中心，用一系列相关图片来激活学生的心理词库；（5）话题串词用于归纳某个话题的词语，一般采用竞赛或者游戏的方式，便于加深学生对相关词语的记忆。

复习与运用生词的教学方法包括故事串词、短信练词、读中温词、主题练词、综合练词。（1）故事串词是用学生熟知的故事、图片或者课文的故事情节帮助学生复现所学的词语，再用这些词语讲故事；（2）短信练词指的是用手机短信让学生在真实语境中运用所学词语交流，提升学习自信心；（3）读中温词利用网上的真实语料让学生复习词语，并通过阅读获取新信息，从而创造更多的互动机会，激发学生的学习积极性；（4）主题练词让学生在模拟实境的条件下运用所学字词完成任务，突出任务型教学的特点；（5）综合练词让学生运用所学词语对相关话题进行简单的陈述，或者在真实/模拟的语境中运用所学词语解决问题，同时创造小组合作的学习机会，让学生在协作学习中运用词语。

在数字时代的汉语字词教学中，教师可以充分利用网络资源和工具，实现字词教学方法的多样性。具体来说，一是利用网络工具设计多样的练习方式来吸引学生的注意力，丰富互动交流的手段；二是创设字词应用的真实语境，让学生学会在不同语境中正确运用字词；三是让学生借助字词学习软件来丰富自主学习字词的方式。

在中级字词教学方法设计中，我们根据教学内容选用了一些合适的网络资源和线上学习平台来辅助教学设计，以适应当今数字时代的汉语二语字词教学的需求。

以下是对上述方法的具体说明。

（一）解说词语 ①

1. 界定

"解说词语"适用于非语境化的教学。这种方法可以促进学生主动选择适合自己的方式对词语进行编码。

2. 教学内容

简历、经历、面试、个人、面谈、手机、住址、电话、健谈、自信、诚恳、责任心、善于、熟练、输入、培训、做生意、进行

3. 设计

展示目标词语的PowerPoint。词语按四个小主题进行分类，用Power-Point展示。

---

① 该方法在北京语言大学出版社官网上有演示视频。

主题一：面试	简历、经历、面试、个人、面谈
主题二：联系	手机、住址、电话
主题三：个人特点	健谈、自信、诚恳、责任心、善于
主题四：能力	熟练、输入、培训、做生意、进行

图2-1

4. 步骤

（1）教师用PowerPoint展示目标词语。

（2）通过齐读和个别诵读让学生掌握目标词语的正确读音。

（3）将学生分成四个小组，每组选择一个主题。

（4）每组先分析所选主题的词语，然后讨论记忆策略。

（5）各组分享讨论的结果。

5. 反思

这是以认知加工深度理论为指导的一种教学方法（沈禾玲，2020）。这种方法以学生为中心，可帮助学生建立目标词语的音、形、义之间的联系，鼓励学生思考，发挥想象力，通过自己的分析解说来记忆生词，从而提高对目标词语的编码能力，进行自主加工。教师对目标词语进行分类的好处是帮助学生归纳，提高学生的认知能力。教师应在各组学生讨论后提供必要的帮助，引导学生建立知识图式。这种方法还可以进行如下操作：（1）鼓励学生在力所能及的范围内用中文进行解释。如果目标词语适合运用多种感官通道来增强学习效果，教师还可以鼓励学生通过表演等形式请其他组的同学猜他们报告的生词；（2）教师给出主题，让学生寻找与主题相关的词语，然后分析解说，对目标词语进行有意义的加工。

6. 在线资源与网络工具推荐

苹果电脑自带的Keynote。Keynote是制作幻灯片的软件，功能与PowerPoint相似，可以通过iCloud在Mac、iPhone、iPad，以及PC之间共享。教师编辑上述的讲解内容和练习，然后用"share"功能就能实现网上的共同阅读、编辑和互动功能。

Google doc可用于分享练习任务单，学生可以在Zoom的Breakout Room以小组的形式做练习，然后教师给予反馈。

学生可以在课前或课后用 Quizlet创建生词表，然后使用这个平台所提供的工具进行自学。这个平台的大部分工具都是免费的。这些工具如图2-2所示，有Flashards、Learn、Test、Match、Q-Chat等，学生可以用来做课前或课后的自我练习，Classic Live和Checkpoint可以让学生以小组的形式进行词语练习。

主题词

图2-2①

教学中使用电脑辅助的混合式教学可以增加学习的趣味性，吸引学生积极参与，进行小组合作学习等。网络平台所提供的多种工具还可以帮助学生预习和复习。

（二）语素探究

1. 界定

"语素探究"指的是通过语素义的学习来理解词义。这种方法可以帮助学生建立新的认知图式，加强新词与旧词的联系，从而丰富词汇知识，便于记忆。

---

① Classic Live 和 Checkpoint 无法截图展示，因为需要学生加入小组。

2. 教学内容

开学、生、内、外

3. 设计

这种方法所使用的教学用具如下：

（1）展示含有目标语素的词语的PowerPoint，目标语素用不同颜色或画线标出（见图2-3）。

- 开学
- 研究生
- 校内
- 校外

图2-3

（2）语素组词练习单。

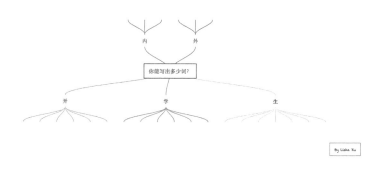

图2-4

4. 步骤

（1）教师用PowerPoint展示含有目标语素的词语。

（2）通过齐读和个别诵读使学生掌握目标词语的正确读音。

（3）通过问答让学生掌握目标语素的意思。

（4）下发练习单，让学生填写含有目标语素的新词和以前学过的词。

如果学生忘记了以前学过的相关词语，可以鼓励他们用电子词典，并圈出用电子词典查出的词。图2-5是一个学生的练习单：

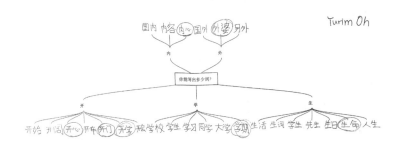

图2-5

5. 反思

在每课的字词教学设计中，教师应该选出有相同语素的词作为一类来学习。如果这一课中没有相同语素的词，教师可以找出具有同一语素的在前几课中学过的词，帮助建立联系。练习方式可以是多样的，如语素猜词、根据语素义说出目标生词的大概意思等。教师也可以将新词与学过的具有相同的语素的词放在一起，让学生以小组的形式讨论，通过词义猜测语素义，以调动学生主动学习的能力，进一步加强对语素的认知。

6. 在线资源与网络工具推荐

苹果电脑自带软件Freeform可制作、分享根据语素组词的任务单。Freeform是一个在线白板，使用者可以进行个人项目的活动，也可以进行小组讨论，或者两者兼而有之。在白板上可以添加文本、形状、线条、照片、视频、链接、便签等。然后，根据需要进行设计。如果使用Apple ID登录Apple设备，就可以在所有的Apple设备上访问制作的白板。使用者可以共享白板，与他人合作，实时看到每个人的工作。

Zoom软件的白板也可制作、分享语素练习的任务单。（具体使用方式可参考https://explore.zoom.us/zh-cn/products/online-whiteboard/）

学生可以用这一网络工具互相帮助，共同完成教师布置的学习任务，如期末的文本写作等。

（三）分析推义

1. 界定

"分析推义"的方法可用于成语教学。教师通过分析成语中每个字的意思，总结出成语的中文意思，然后在一系列练习中，帮助学生准确、全面地掌握成语的语义和用法。这是以教师为主导的非语境化到半语境化的教学。

2. 教学内容

下面以"四季如春、人山人海、望子成龙、丢三落四、衣食住行"这五个成语为例示范这一方法。

3. 设计

这种方法所使用的教学用具如下：

（1）展示五个成语的PowerPoint。

- 四季如春
- 人山人海
- 望子成龙
- 丢三落四
- 衣食住行

图2-6

（2）给学生下发活动任务单。任务单上要求学生填写字义和成语的意思。

表2-2　活动任务单

生词	意思	意思	意思	意思	成语的中文意思
四季如春	四：	季：	如：	春：	
人山人海	人：	山：	海：		
望子成龙	望：	子：	成：	龙：	
丢三落四	丢：	三：	落：	四：	
衣食住行	衣：	食：	住：	行：	

（3）图片。用意象编码可以帮助学生记忆词语，所以教师可以利用图片让学生练习一些形象生动的成语。图2-7的PowerPoint上列出了所学的成语和相关图片。

四季如春、人山人海、望子成龙、丢三落四、衣食住行

图2-7

（4）用图2-8的PowerPoint展示练习，进一步帮助学生在实际生活中运用所学成语。

60

四季如春、人山人海 、望子成龙、丢三落四、衣食住行

回答问题:

1.你的国家有没有四季如春的地方/城市？请你说说那个地方.

2.你觉得节日的时候去北京旅行怎么样？

3.你的父母望子成龙吗？他们是怎么做的？

4.我的室友是个丢三落四的人，你常常丢三落四吗？

5.在你的城市/地方，衣食住行方便不方便？贵不贵？

图2-8

4. 步骤

（1）教师用PowerPoint展示目标成语。

（2）通过齐读和个别诵读使学生掌握目标成语的正确读音。

（3）给学生分组，下发任务单。学生互相讨论，填写字义，可以是中文或者英文，然后总结成语的中文意思，从而加深对成语意思的理解和记忆。

（4）展示图片，引导学生根据图片来说出相应的成语，进一步强化学生对成语的记忆。

（5）用PowerPoint展示问题，用问答的方式评估学生是否已经理解了成语的意思。同时设计与学生实际生活相关的问题，帮助学生在语境中正确运用成语。

5. 反思

在课文的生词表中，特别是初级和中级水平的教材中，对生词的注释一般是英文。根据双编码理论，"任何信息都可以用概念或意象来表征。如果语言和意象表征同时运用，那么对信息的记忆就会优于只用一种表征"（沈禾玲，2020：108）。在生词教学中，为生词提供两种或者多种编码将有助于学生记忆词义。对成语来说，因为其所包含的意义非常丰富，所以比较适合用多种方式进行编码。在中级汉语字词学习阶

段，成语的数量虽然较少，但是作为汉语词汇的重要组成部分，学生应该要掌握其语义和用法。但是不建议用专业术语告诉学生在什么条件下使用成语，而是通过不同的语境，让学生认知其语用条件。在学习过程中，教师还可以将以前学过的成语列入复习范围，帮助学生积累相关的知识。另外，教师也可以用游戏或竞赛的方式激发学生的学习兴趣。

6. 在线资源与网络工具推荐

H5P 的course presentation工具。H5P是一个制作网络学习资料的软件，可以在线使用，但是只有30天免费试用，不过，学校可以购买并嵌入学习平台中，比如Moodle。这个工具带有一些制作教学资料的应用软件，包括录音、互动视频、课程演示、游戏、小测验和抽认卡等。课程演示（course presentation）的使用方法与PowerPoint相似，主要包含了是非题、多项选择题等。教师可以用来设计教学内容和练习评估题，学生完成练习题后系统会给出反馈，可以用于学生线上自学或者教师线上教学。图2-9是教学设计工具页面。图2-10、图2-11是用抽认卡做分析推义的练习。教师可以让学生说说成语中每个字的意思，再总结出成语的意思，然后展示答案。学生也可以用这个练习课后复习或者自学。图2-12是用图片引导学生输出相对应的成语。练习形式是学生根据图片写出目标成语。

（1）教学设计工具页面。

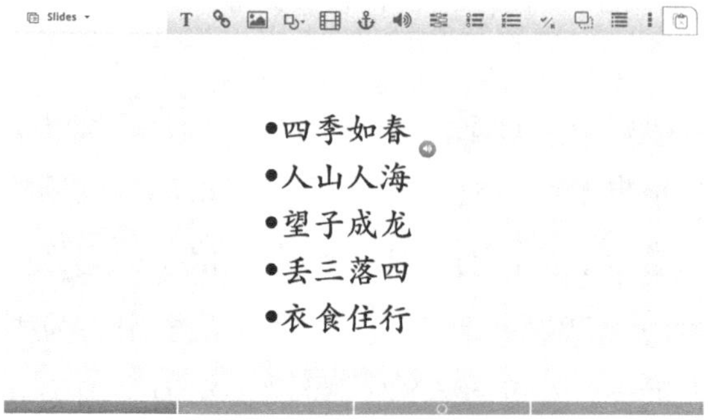

图2-9

（2）第一个练习：抽认卡上显示成语。

图2-10

点击"Turn"，显示答案。

图2-11

（3）第二个练习：看图写成语。

图2-12

这些教学活动都可以保留在课程网站上，以便学生课后自主学习，便于学生培养有效的词语学习策略。

（四）搭配填词 ①

1. 界定

"搭配填词"的方法是用词语搭配的方法帮助学生分析词语的隐含语义，从而正确地使用词语。

2. 教学内容

受到、减轻、取得

3. 设计

这种方法所使用的教学用具如下：

（1）展示词语的PowerPoint。

- 受到
- 减轻
- 取得

图2-13

---

① 该方法在北京语言大学出版社官网上有演示视频。

（2）展示课文中使用这些词语的句子的PowerPoint，用画线来呈现词语的搭配。

> 1.张天明的父母希望孩子们能<u>受到</u>良好的<u>教育</u>。
> 2.张天明觉得自己已经是大人了，应该找工作挣钱来<u>减轻</u>父母的<u>负担</u>。
> 3.张天明打工是想<u>取得</u>一些工作<u>经验</u>。

图2-14

（3）"搭配填词"练习任务单。学生从右栏的词语中选择一个或几个填入空格中。

· 受到＿＿＿＿＿＿
· 减轻＿＿＿＿＿＿
· 取得＿＿＿＿＿＿

· 工作
· 影响
· 邮件
· 经验
· 负担
· 人数

图2-15

4. 步骤

（1）教师用PowerPoint展示目标词语。

（2）通过齐读和个别诵读使学生掌握目标词语的正确读音。

（3）教师用PowerPoint展示含有目标词语的句子，学生齐读。

（4）教师讲解，让学生了解目标词语的语义特征，以及目标词语在搭配中的语义条件和范围。

（5）给学生分组，下发"搭配填词"练习任务单。学生互相讨论，填写词语。

（6）教师核对答案，并讲解出现的错误。

5. 反思

在中级汉语字词学习阶段，需要做语义分析比较的词语并不多，但是如果有这样的词出现，教师有必要做出分析和解释，帮助学生掌握其语义和用法。在搭配填词的过程中，学生会使用词语的英文意思来帮助完成这个过程。但是由于有些英文意思并不能揭示词语的隐含语义，往往会出现错误。所以教师需要通过讲解和练习帮助学生理解。比如学习"受到"这个词时，教师可以给出句子让学生了解"收到"与"受到"在语义和搭配范围上的不同。这种方法的另一练习方式是让学生在句子中找到词语的合适搭配，通过小组讨论来分析词语搭配的语义条件和范围，并在课堂中分享。

6. 在线资源与网络工具推荐

www.nearpod.com是一个网上教学平台，它可以帮助教师设计具有互动性的教学资料。教师可以创建互动式演示文稿，其中包含测验、投票、视频、协作白板等内容。该平台免费使用的容量是100MB，能使用一些基本的设计练习的工具，可以让40个学生同时学习。具体可以参看https://nearpod.com/pricing?oc=inapp-upgrade&utm_campaign=inapp-upgrade&utm_medium=inapp&utm_source=nearpod&utm_content=silver

（1）图2-16是这个平台的截屏：

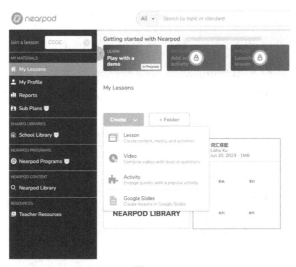

图2-16

（2）图2-17是词语搭配的练习示例。学生点击词语卡来进行词语搭配，如果正确就会显示蓝色。学生可以在课上参与，也可以课后用此练习进行复习。

图2-17

教师设计在句子中"搭配填词"的练习时，可以参考网上的语料库来选择适合的句子。

这些练习可以保留在课程网站上，便于学生课后自主学习，也可以作为学生的课后作业。

（五）温故知新

1. 界定

"温故知新"是用来介绍生词的方法，以教为主，属于半语境化教学。这种方法通过用以前学过的词来学习新词，强调新旧词语之间的联系，是一种图式化学习。

2. 教学内容

讲解员、自信、工资、日常、健谈、学历、谈话、住址

3. 设计

这种方法所使用的教学用具如下：

（1）用PowerPoint展示下列词语。

- 讲解员、自信、工资
- 日常、健谈、学历
- 谈话、住址

图2-18

（2）与目标词语相对应的中文解释的卡片。

博物馆里的导游	相信自己	薪 水
平 时	善于说话	学习的经历
两个人或很多人在一起说话	居住的地址	

4. 步骤

（1）教师用PowerPoint展示目标词语。

（2）通过齐读和个别诵读使学生掌握目标词语的正确读音。

（3）学生两人一组随机抽取一张中文解释卡，进行讨论后，将相对应的生词写在卡片反面。

（4）各组完成配对后，教师组织学生核对答案。

5. 反思

用这种方法学习的词语的中文解释需符合中级水平。同时，最好能用

上学生刚学过的字词来解释目标词语。如学生学习了"经历"这个词，教师就可以运用"经历"来对"学历"加以解释，比较两个词的不同点和相同点，凸显新旧字词之间的意义联系，尽可能地在课堂上复习与运用新知识。如果学生掌握得比较好，教师就可以让每组学生用目标词语造句、编短对话或小故事。这个活动的另外一种形式是提高活动难度，让学生分组讨论，用中文解释目标词语。

6. 在线资源与网络工具推荐

用Nearpod平台的"Time to climb"来设计练习，如图2-19所示。

图2-19

这个练习是用多项选择的方式来出题，学生或小组之间可以进行比赛来提高参与度与趣味性。教师也可以用图片来丰富对目标词语的编码，帮助学生记忆。

这些教学活动可以保留在课程网站上，便于学生课后自主学习，也可以作为学生的课后作业。

（六）部件归类

1. 界定

"部件归类"是通过对部件知识进行阶段性的总结和复习来帮助学生积累部件知识，从而加强对汉字的记忆。这种方法属于非语境化教学。

2. 教学内容

搬、拉、打、抱、拍

3. 设计

这种方法所使用的教学用具如下：

（1）用PowerPoint展示汉字。

搬、拉、打、抱、拍

图2-20

（2）部件归类练习任务单。

搬、拉、打、抱、拍

这些字的部首是_____

你还知道哪些字有这个部首？
请写下来：

图2-21

4. 步骤

（1）教师用PowerPoint展示目标词语。

（2）通过齐读和个别诵读使学生掌握目标词语的正确读音。

（3）下发任务单，学生可以自己完成，再跟同伴讨论，说出自己的答案，互相学习。

（4）完成讨论后，教师核对答案，可以让学生把包含相关部件的汉字写在黑板上。

5. 反思

在中级汉语二语字词教学中，汉字的部件知识是不可或缺的部分。为了让学生有效地利用课堂时间掌握这些知识，教师可以用自己的教学网站或者Moodle等教学平台，将每课要学的部件知识进行归纳，用PowerPoint或者其他形式呈现给学生，让学生在上课前进行预习。上课时教师可以用游戏或者小测验的形式检查学生的预习情况，然后进行相关的练习，加强学生对生词的记忆。每两课或者三课后，教师要对学过的知识进行总结，并将知识纳入考试范围，对教学进行评估。"部件归类"也可以让学生进行部件接龙的游戏。具体做法是学生写出包含目标部件的汉字后，让他们找出所写汉字的部件，同时写出包含相同部件的其他汉字。

6. 在线资源与网络工具推荐

https://www.mindnode.com/用MindNode设计练习单，可用于练习。这个软件可以帮助学生对所学的知识进行分类和总结。该软件也可以加载图片。下载以后可以免费使用14天，之后需要付费使用。

具体做法：

（1）教师下发用MindNode做的练习单。

这个练习帮助学生复习和总结学过的含有"扌"部的汉字。练习的方法是让学生回忆并写出几个学过的包含"扌"部的汉字，然后再进行拆分，并写出包含相同部件的合体字。这个练习也可以用比赛的方法，每正确填写一个空格得一分，看谁的得分最高。图2-22是一个练习单的例子：

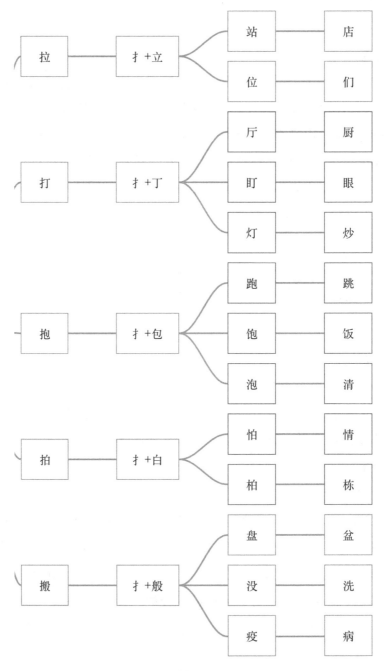

图2-22

（2）在Zoom课堂中分享图2-22任务单。

这些教学活动可以保留在课程网站上，学生可以在课后进行自主学习，教师也可以将其布置为课后作业。

（七）词汇网络

1. 界定

"词汇网络"的方法适用于巩固生词，以复习为主。这种方法属于语境化教学。教学目标是建立生词与已经学过的词语的联系，帮助学生在复习过程中将生词图式化。

2. 教学内容

我们以与"做生意""个人特点""简历"这三个主题相关的生词为例。

3. 设计

这种方法所使用的教学用具是展示主题词的PowerPoint、白板/黑板、白板笔/粉笔。

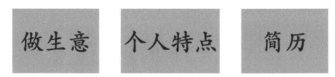

图2-23

4. 步骤：

（1）教师用PowerPoint展示三个主题。

（2）学生分成小组，每组负责一个主题。

（3）小组讨论后，选出与指定主题有关的词，并讨论这些生词之间的联系。

（4）学生上台用笔画出词汇网络，然后串词说句子，说出生词与主题的联系。如图2-24（教师给出的以"做生意"为主题的示例）：

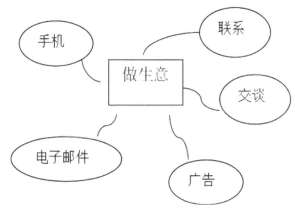

图2-24

图2-25是学生完成的以"做生意"为主题的示例。

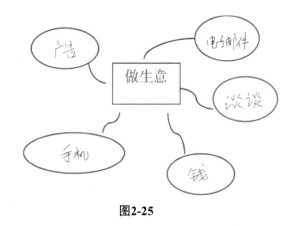

图2-25

5. 反思

这种方法能鼓励学生依据个体经验围绕主题对生词进行分类。分类时强调生词之间的联系，使生词的学习变得有意义。分类使生词之间建立有意义的联系，而非零散地储存在大脑中。由于学生是根据自己的经验去分类的，建立的图式结构对他们而言有独特的意义。正因为如此，这个教学活动没有标准答案，只要他们能够逻辑自洽地说明词语之间的联系，就可以减少非图式化的认知负荷。另外，学生自主形成的图式结构还能有效控制图式结构的复杂度，使学习更有效率。这个教学活动的

74

其他形式有：（1）擦掉主题，让学生根据词汇网络上的提醒线索，回忆复述主题，加强生词之间的联系；（2）保留主题，擦掉词汇网络中的生词，让学生分组讨论、回想，根据前几个步骤中所建立的联结线索，提取相关信息，补上目标词语，重建词汇网络，从而巩固生词的图式结构。

6. 在线资源与网络工具推荐

用www.nearpod.com中的"Draw it"来设计练习，如图2-26所示。

图2-26

这个练习还可以用图片、音频、视频等来丰富练习的设计，加入"Timer"来计时，让学生以小组竞赛的形式参与活动。多媒体工具能够调动学生的多种感官通道来加强对字词的理解和认知。

（八）词语连线

1. 界定

"词语连线"的方法适用于练习与巩固生词，属于半语境化教学。教师可以用来设计与主题相关的练习，让学生通过寻找与目标词语有意义关联的词来建立字词之间的联系，帮助学生熟悉所学生词。

2. 教学内容

云南、哈尔滨、杭州、新疆、沙漠、冰灯、风景、四季如春

3. 设计

这种方法所使用的教学用具如下：

（1）用PowerPoint展示这些词语。

- 云南、哈尔滨、杭州、新疆
- 沙漠、冰灯、风景
- 四季如春

图2-27

（2）地名和地方特点连线的任务单。

• 云南	• 沙漠
• 哈尔滨	• 冰灯
• 杭州	• 风景
• 新疆	• 四季如春

图2-28

4. 步骤

（1）教师让学生齐读或者个别诵读PowerPoint上所列的词语，以检查学生对生词的识读情况。

（2）下发任务单给每个学生后，给学生分组。

（3）各组学生先进行地名与地方特点的连线练习，然后用PowerPoint上的词语简单讲述这个地方的特点。

（4）教师再让每组学生分别报告其中的一个地方。如果时间允许，

可以拓展一下这个活动，如让学生讲讲他们家乡的特点。如果学生去过上述的某个地方，还可以请学生结合自身经历和感受说说那个地方。

5. 反思

这种方法适用于练习与地方特点有紧密关系的词语，活动设计可与学生的实际生活相关。如果时间允许，可以播放一些相关的视频，如简短的中文旅游Vlog来展示哈尔滨的冰灯或者杭州的风景等，帮助学生感知和加深对词语的记忆。

6. 在线资源与网络工具推荐

H5P的Drag and Drop工具可以用来设计这类练习，方便好用。教师可以用于线上教学，也可以让学生课后练习。图2-29是一个例子，学生需将表示地方特点的词拖到相应的位置。在线上教学时，教师可以让学生分组进入Moodle课程中，找到这个练习。学生先自己练习，然后在小组中报告相关的地方，练习目标词语。

图2-29

上述网络工具能及时给出反馈，帮助每个学生了解自己的掌握情况。同时，教师也可以根据任务的难易程度和学生的学习情况，加上提示线索，帮助学生完成任务。

（九）按图描述

1. 界定

"按图描述"这种方法适用于生词的练习与巩固，运用图片建立学生的认知图式。在教学设计上与实际生活紧密联系，运用半语境化和语境化的教学途径。

2. 教学内容

护照、行李、包、托运、箱子、登机牌、登机口

3. 设计

（1）用PowerPoint展示词语。

护照、行李、包、托运
箱子、登机牌、登机口

图2-30

（2）任务单1。

图2-31

（3）任务单2。

你问我答：
1.坐飞机旅行要做哪些准备？
2.上飞机以前要做什么？
3.说说你坐飞机旅行的经历。

图2-32

4. 步骤

（1）教师让学生齐读或者个别诵读PowerPoint上所列词语，以检查学生对词语的识读情况。

（2）下发任务单1给每个学生，学生根据图片填上相对应的词语。

（3）教师将学生分组，下发任务单2，进行"你问我答"的活动，要求用上填写的词语。

（4）教师再请学生在班上分享自己坐飞机旅行的经历。

5. 反思

图片应尽可能体现词语的意思，这样看图片说词、写词的过程就可以帮助学生建立起图式结构，然后再用词语说出相关的经历，让静止的图片在头脑中动起来，进一步与真实语境建立联系。这种方法的另一种形式是教师根据课文写一小段话，让学生填入这些词语。再让学生模仿这段话进行自身经历的叙述，用上这些词语，在小组中进行分享。

6. 在线资源与网络工具推荐

网站https://wheelofnames.com提供用于学习的大转盘游戏，转盘的每个部分可以用文字或者图片，如图2-33；也可以把图片放在中间，周围是学生的名字，如图2-34。学生以小组的形式玩游戏，点击转盘。如果是图2-33，转盘停止后，点击的同学说出词语；如果是图2-34，转盘停止后由点到的同学说出一个或者两个词语，然后再说一个含有该词语的句子。最后教师可以请学生回想一下自己的经历，点击转盘，请点到的学生来说一说。

图2-33

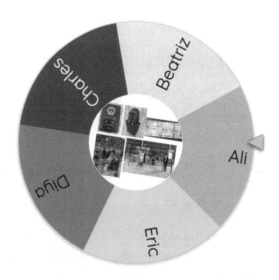

图2-34

使用上述网络工具可以增加学习任务的趣味性，提高学生参与教学活动的积极性。

（十）话题串词

1. 界定

"话题串词"这种方法适用于生词的练习与巩固。让学生对与"学校生活""购物""在饭馆""旅行"等话题相关的词语进行总结来帮助记忆，不断扩展与话题有关的词语，让学生建立词汇网络和新旧知识之间的联系。

2. 教学内容

与话题"在饭馆"相关的词语。

3. 设计

（1）用PowerPoint展示这些词语。

- 盘、碗
- 鸡、肉、牛肉、鱼
- 黄瓜、青菜、白菜、菠菜、芥兰
- 豆腐
- 饺子、米饭
- 清蒸、红烧、糖醋、凉拌
- 糖、醋、盐、味精
- 味道、酸、甜、咸、辣、香；口味、清淡、油
- 有机、新鲜、嫩、老

图2-35

（2）任务单。

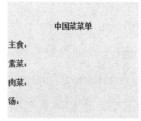

学生餐厅的师傅想做中国菜给学生吃，可是他们不知道做什么中国菜，请你帮他们写一张菜单。菜单上要有一个主食、一个素菜、一个肉菜、一碗汤。你要写：
1. 菜的名字、口味
2. 一盘/碗 多少钱？

中国菜菜单

主食：

素菜：

肉菜：

汤：

图2-36

4. 步骤

（1）教师让学生齐读或者个别诵读PowerPoint上所列词语，以检查学生对词语的识读情况。

（2）下发任务单给每个学生。让学生分组讨论，用上学到的词语。

（3）教师再请小组在班上分享菜单，评比一下，看看哪组的菜单最受欢迎，并说说理由。

5. 反思

教师在帮助学生运用新学到的词语的过程中，应该注重对字词进行有意义和有深度的加工。在这种方法中，由于要对有关话题的词语进行复习，所以词汇量较大。为了帮助学生减少认知负荷，教师要先对词语分类，然后再进行有意义的教学。这些教学活动应该要引起学生兴趣，并与实际生活相关联。教师在设计活动时还可以运用游戏或竞赛的方式激发学生的兴趣。如教师让学生以竞赛的方式评出最受欢迎菜单，并推荐给学生餐厅。

6. 在线资源与网络工具推荐

登录https://kahoot.com/schools-u/，或在手机的Apple store下载Kahoot软件，就可以让学生以游戏竞答的方式参与到课堂中。Kahoot中提供了不同形式的互动和测试方式，能够为课堂教学提供相应的支持，其中Quiz、True or False是免费使用的。设计"话题串词"的活动时，教师要先将新词分类，根据分类给出主题，如"点菜""做菜""饮食特点"等，然后用 Quiz 和 True or False 的形式出题。教师登录Kahoot后系统自动生成一个PIN（Personal Identification Number，识别码），学生就可以在手机或平板电脑上使用Kahoot输入教师投放在教室大屏幕上的PIN，接着输入自己的用户名登录。教师开启Kahoot互动，屏幕上会出现问题和选项，要求学生作答。学生点击与大屏幕上答案选项相同样式的图形即可作答。教师可以在大屏幕上看到已答题和未答题学生的数量。待规定的时间结束后，学生可以看到自己的答案是否正确，如果正确即可获得相应积分。积分由答题正确度和速度共同决定，在同样正确的情况下，答题速度越快分值越高。Kahoot在大屏幕上公布正确答案，显示答对和答错的学生数量。教师在了解学生的大体情况后，可选择对问题进行解说或追问，也可直接进入下一题。待全部题目都答完后，教师公布全班答题积分的前五名和积分值。教师也可下载后详细查看。Kahoot的数据包括每一个学生的正确答题数、错误答题数、积分值和每一题的答案等。除此之外，教师还可以查看每一题的数据分析，包括该题的答题正确率和每一个学生的选项及答题速度等，如图2-37：

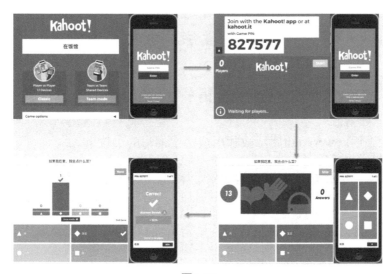

图2-37

使用上述网络工具可以加强课堂学习的趣味性，促进学生之间的合作学习。

（十一）故事串词

1. 界定

"故事串词"适用于生词的复习与运用，这是一个半语境化教学活动。教师让学生在故事中复习生词，引导学生注意生词的正确使用方式，运用图片或小故事来激活相关信息的提取，提供有利于记忆的编码形式。

2. 教学内容

适合、简历、自信、交谈、熟练、输入、面试

3. 设计

（1）用PowerPoint展示这些词语。

适合、简历、自信
交谈、熟练、输入
面试

图2-38

（2）用PowerPoint展示教师用这些生词写的小故事。

小林是从中国来的学生。她想找一份实习工作。她说英文说得不错，所以很自信。她想找适合自己的工作，怎么找工作呢？老师告诉她得先写简历，然后才能去面试。面试交谈时，她告诉面试官她能熟练地运用电脑输入信息，英文也不错。后来，小林找到了一份自己喜欢的工作。

图2-39

4. 步骤

（1）教师让学生齐读或者个别诵读PowerPoint上所列的目标词语，以检查学生对汉语字词的识读情况。

（2）教师展示PowerPoint上的故事，以句为单位让学生跟着复述。

（3）将学生分组，让他们练习刚说过的句子。

（4）小组复述之前学到的句子，再现故事内容。

5. 反思

如果课文内容是与节庆或文化相关的主题，这种方法就能发挥较好的教学效果。如在端午节的主题之下，教师可以利用屈原投江的故事来做教学设计，用串联目标词语的方式说龙舟和粽子的故事。这样，学生不但复习了目标词语，还学习了节庆典故知识。生动的历史或民间故事不仅能激发学生的学习兴趣，还能将文化知识融入字词的教学，帮助学习者建立复杂的认知图式。在讲故事的过程中加强重点词的复习，用故事或图片作为提示线索，帮助学生提取目标词语。如果可能，图片应尽量来自真实生活，真实的图片能够更好地展示相关的社会文化，也能在更大程度上帮助学生理解语言赖以产生的社会文化背景，从而加强对目标词语的编码与记忆。这种方法的另一个形式是针对水平较高的学生，教师先说故事，再让各组同学用自己的话复述故事，相同的内容可提供不同的表达方式。还有一种提高难度的方法是教师只展示图片，学生分组讨论，然后根据图片自己编故事，教师应鼓励学生用上学过的生词。教师可以让各组学生从不同的角度说故事，各组相互补充，鼓励学生对同一图片用不同方式进行描述。

6. 在线资源与网络工具推荐

https://voicethread.com/中的voicethread能将多种媒体文件，如文本、图像、声音、视频整合于一体，学生可以用多种方式来进行练习，如图2-40所示。学生可以通过音频或者视频的方式来说故事、练词语。这个多媒体文件可以分享给学生当作课后作业，也可以放在课程平台线上教学时使用。这个平台可以制作五个免费的voicethread文件，如果要使用更多文件，需要付费。

用词说故事

先读一下这些词，然后跟你的同学用词说句子或者把词连起来说一个小故事。

图2-40

使用上述网络工具可以加强学习的趣味性，提高学生的听说能力，同时促进学生之间的合作学习。

（十二）短信练词

1. 界定

这种方法适用于生词的复习与运用。学生以互相发短信的方式来复习学过的词语，可以让学生学会在真实语境中正确运用词语。

2. 教学内容

哭、小心、一路平安、转机、直飞

3. 设计

（1）用PowerPoint展示这些词语。

- 哭、小心
- 一路平安
- 转机、直飞

图2-41

（2）短信任务单。

你的朋友Annie要去中国旅行，上飞机前她给你
发短信，告诉你她的旅行，请你回复。你们要用
上学过的词。

图2-42

4. 步骤

（1）教师让学生齐读或者个别诵读PowerPoint上所列词语，以检查学生对词语的识读情况。

（2）下发短信任务单，学生两个人一组进行练习，练习的方式是先讨论，然后写短信。

（3）小组之间交换短信，通过互读来复习，也可以互相评论并在读后进行改错。

图2-43是未经改错的学生短信：

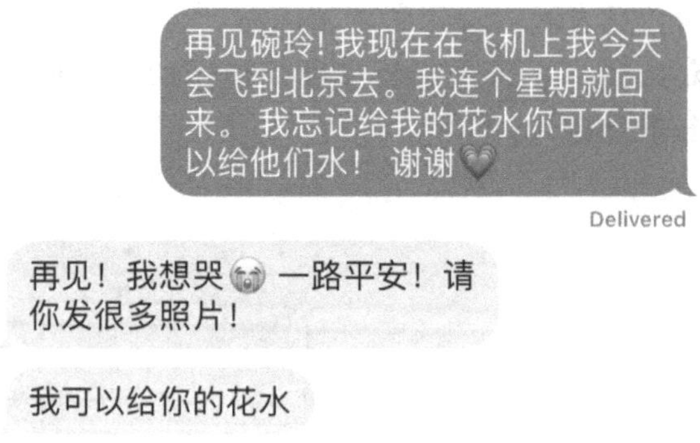

再见碗玲! 我现在在飞机上我今天
会飞到北京去。我连个星期就回
来。我忘记给我的花水你可不可
以给他们水! 谢谢 🖤

Delivered

再见! 我想哭 😭 一路平安! 请
你发很多照片!

我可以给你的花水

图2-43

5. 反思

这种教学方法属于语境化教学。语境的设置要注重与学生的生活紧密相关，并采用学生感兴趣的方式。短信是学生最常用的交流方式之一。"短信练词"可以帮助学生在现实生活中使用字词，互读互改的方式还能帮助学生复习并运用学过的语法。

6. 在线资源与网络工具推荐

网络工具为苹果手机的iMessage软件。学生互相告知手机号码，然后用打字的方式互发短信。教师可以帮助学生选择正确的字词。交流结束后，学生可以进行手机截屏，然后把交流的信息以电子邮件的形式发给老师，老师给予反馈。学生也可以把短信上传到Zoom白板或者Zoom Chat，在小组之间进行互读互改。使用上述网络工具不仅可以增加学习的趣味性，还可以促进学生之间的合作学习。

（十三）读中温词

1. 界定

"读中温词"的方法强调在阅读中复习词语，并获取新的信息，激发学生的学习积极性。

2. 教学内容

校园、公寓、房间、公共交通、自行车、厨房、衣橱、书桌、椅子、空调、洗衣机、冰箱、日用品、购买、服务、活动

3. 设计

（1）用PowerPoint展示词语。

- 校园、公寓、房间
- 公共交通、自行车
- 厨房、衣橱、书桌、椅子
- 空调、洗衣机、冰箱
- 日用品、购买、服务、活动

图2-44

（2）阅读材料。

上海纽约大学的学生公寓位于浦东新区济明路533弄（7号线）附近。前滩新校园距离宿舍3公里，车程约10分钟。学生可搭乘公共交通或骑自行车前往校园，十分便利。宿舍楼为学生提供三人间、双人间、双人套房、单人套房和高级单人房等不同房型。每间宿舍配有床、衣橱、书桌、椅子、空调、洗衣机、独立卫浴，且有配备冰箱、饮水机和电磁炉的独立厨房。

宿舍楼内提供24小时公共安全服务，并在5号楼设有资源中心（开放时间为上午9点至晚上9点），为学生提供日用品购买、物品借用和其他服务。5号楼一楼有一个大型公共空间，供学生学习、休闲娱乐，或举办活动。

图2-45

4. 步骤

（1）教师让学生齐读或者个别诵读PowerPoint上所列词语，以检查学生对词语的识读情况。

（2）下发阅读材料，学生自己阅读，阅读的时候教师要求学生圈出上面列出的要复习的词语。

（3）将学生分组，先在组内分享对阅读材料的理解，然后每组出一个问题让另一个组回答。

5. 反思

这种教学方法属于半语境化教学。学生通过阅读，在上下文中进一步理解词语的意思和用法。教师可以用读后再说的方式来检查学生是否理解了意思，也可以出阅读理解题来检查学生的学习结果。教师还可以让学生模仿阅读材料，用说或者写的方式描述一下自己的住宿情况。教师可以根据课文改写阅读材料，也可以在真实语料的基础上改写，使之符合学生的汉语水平。

6. 在线资源与网络工具推荐

"读中温词"的方法可以利用网上的真实语料，创造更多的语言运用的互动机会。例如：

（1）https://360.shanghai.nyu.edu/?lang=cn

（2）https://shanghai.nyu.edu/cn/campus-life/housing

H5P的"interactive book"功能可用来设计阅读材料里的问题，检查学生是否掌握了目标词语。如图2-46，同时可以加上"学生公寓实景"的网址帮助学生理解。

图2-46

使用上述网络工具不仅可以让学生在课外自习，还可以通过练习了解自己的掌握程度。

（十四）主题练词

1. 界定

"主题练词"属于语境化教学。这种方法主要是根据主题布置任务，让学生运用生词完成具体的任务。

2. 教学内容

示例的主题是"找工作"。

3. 设计

这种方法所使用的教学用具有简历等。

表2-2 简历

姓名：	年龄：
性别：	电子邮箱：
地址：	手机号码：

教育背景
☐ 大学毕业
☐ 高中毕业
☐ 其他：＿＿＿＿＿＿＿＿＿

工作经历：
个人特点：

4. 步骤

（1）下发简历表格给每个学生。

（2）填好表格后，学生两人一组拿着填好的中文简历模拟面试过程。

（3）学生运用学到的生词进行面试。

（4）分组上台表演面试经过。

图2-47是一个学生完成的简历表格。

姓名：	杜玉		年龄：	19
性别：	女		电子邮箱：	du19@mtholyoke.edu
地址：	南海德利		手机号码：	4139907769

教育背景

☐	大学毕业	和丽山大学
☐	高中毕业	
☐	其他： _____	

| 工作经历： | 图书馆工作，饭馆工作
每个星期五个小时 |

| 个人特点： | 热心、喜欢看书、学得快 |

图2-47

5. 反思

这种教学方法可模拟真实生活中的情境，让学生在交际中运用生词，与实际生活紧密结合。在完成交际任务的过程中，学生要积极寻找恰当的词语表达自己的思想，因此，完成任务的过程就是一个有意义学习的过程。任务本身则增强了学生的学习动机，使其在积极参与的过程中进行实际的语言应用。这种方法采用合作学习的模式，这一模式不仅有利于学生创造性地运用所学到的字词知识，还加强了学生之间的交流。"主题练词"的方法也能帮助学生克服课堂表达的羞怯感，增强学习效果。

6. 在线资源与网络工具推荐

用Google Forms创建简历（见图2-48）。教师可以让学生自主设计表格或者教师做好表格后分享给学生。学生填好后，教师点击"Responses"就可以看到每个学生的简历，然后给学生分组，阅读简历后安排面试活动。

使用这一网络工具可以加强学生之间的合作学习。

图2-48

（十五）综合练词

1. 界定

"综合练词"的方法适用于生词的复习与运用，属于半语境化和语境化的教学。这种方法可帮助学生熟练运用与主题相关的一组词，并在模拟或者真实的语境中正确应用。

2. 教学内容

流、沙漠、平原、自然、条件、人口、景点、到处、挤、火车、船、海

3. 设计

这种教学方法所使用的教学用具如下：

（1）用PowerPoint展示这些词语。

- 流、沙漠、平原
- 自然、条件、人口
- 景点、到处、挤
- 火车、船、海

图2-49

（2）使用的图片。

图2-50

图2-51

4. 步骤

（1）教师让学生齐读或者个别诵读PowerPoint上所列词语，以检查学生是否掌握了词语的读音和意思。

（2）将学生分成两组。第一组学生使用"图2-50"的图片，第二组学生使用"图2-51"的图片。

（3）分配给学生运用词语的任务：两组学生根据图2-50、图2-51简单介绍景点的情况，用上PowerPoint所列词语；然后，两组学生根据图2-50、图2-51的景点情况，结合学过的词语，说明旅行的方式和选择去那里旅行的理由。

5. 反思

对所学词语做综合性练习是教师帮助学生复习与运用生词的一种重要方法。教师在设计综合性练习时，可以主题来分类，运用图片来给出线索。学生根据图片提取目标词语，进而完成语言任务。教师也可以让学生根据图片填写相关词语，或者让学生根据学过的内容来丰富图片的信息。学生填写的信息应有所不同，学生还可以两人一组，每人根据自己的信息出两个问题让对方回答。

6. 在线资源与网络工具推荐

图片编辑工具Preview是苹果电脑自带的工具，简单好用。在教学中，教师可以根据任务编辑好图片，分享给学生，让学生完成语言任务。学生也可以在图片上修改信息，进行互动练习。

www.Miro.com是一个基于云的协作式在线白板平台，它允许团队协作，可以分享想法，并进行头脑风暴。它还可以提供虚拟画布，并在上面创建图表。平台提供三个免费的在线白板。教师可以在白板上展示语言任务，学生以个人或者小组的形式完成任务。教师能看到每个学生完成任务的过程，教师也可以同时参与到每个小组中，给予学生帮助和反馈。每个学生都可以看到其他人的任务完成情况，以便进行评估。图2-52

是用Miro设计的一个活动。

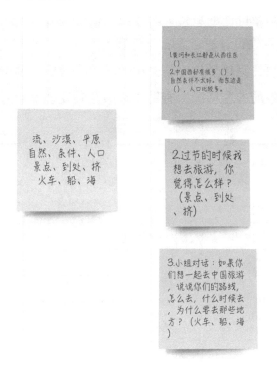

图2-52

　　教师使用上述的网络工具不仅使练习多样化，还可以促进学生之间的合作学习。

四、教学评估与反馈

　　教学评估和反馈是一个重要的教学环节。除了教师的直接评估和反馈以外，其他方式还包括小组练习中的信息分享和同伴评估，以及网络工具自带的提示和反馈功能。如学生两人一组做汉字部件的练习，在讨论练习答案的过程中，就加强了对汉字的理解和记忆。以"部件归类"这一方法为例，每个学生根据自己的词汇知识分享答案的同时也在查漏补缺，互相学习。网络工具自带的提示和反馈功能不仅能帮助学生评估学习效果，还能增强其学习的趣味性和主动性。复习和运用生词时，教师可以用Kahoot来设计词语竞赛的活动，还可以用H5P中的"interactive video"这个工具来设计测试题，充分利用人机互动的方式来对学习效果进行评估与反馈，强化学生对新知识的记忆。网络工具设计的练习还能记录并分析学生的答题情况，有助于教师及时发现学生的学习难点，并进行纠错。

第三章

高级汉语二语字词教学方法

本章将介绍15种高年级[①]字词教学方法。在高年级国际中文教学中，字词教学往往会成为被忽视的对象。究其原因，无非是认为高年级汉语学习者已经具备了相当的自学能力，因而汉字、词语这样的基本语言知识就不再需要教师进行专门、详细的讲解了。实则不然，因为这一阶段学习者接触到的词语中包含大量具有重要语法意义的虚词，如连词、介词等，以及适合不同语体、语境的实词。因此，汉字和词汇的教学在高年级阶段绝不是语言知识教学中一项孤立的内容，而是与各种语言知识及各项语言技能紧密联系的内容。可以说，汉语学习者能否在高年级阶段在语言的准确度和流利度上得以全面提升，汉语字词教学依然起着举足轻重的作用。在介绍具体的教学方法前，我们先探讨一下高级汉语字词教学设计时应考虑的几个重要因素。

一、教学特点

为了与高年级汉语学习者的水平相适应，高年级汉语字词教学应该体现出自身鲜明的特点。首先，在教学组织上，教师应突出以学生为中心的理念，即大大减少直接讲解和指导的比例，教师在课堂中转变为引导

[①] 指的是北美地区普通大学汉语作为第二语言的三年级及以上学习者。

者和辅助者，指导学生运用已有的知识和能力去获取新知识，并建立新旧知识之间的联系，促进学生的主动性学习。其次，教学活动的设计应突出合理性。减少学生表演活动和非语言的意象编码活动，更多地运用语言活动。图式化教学中，教学活动帮助学生所建构的知识图式应实现由简单向复杂的过渡。另外，在实施教学活动的过程中，教师应力求融入对学生听、说、读、写各项语言技能的综合训练，在实际运用上下功夫。第三，减少非语境化教学活动，侧重于半语境化、语境化教学。通过具体语境，教师可让学生感受到词汇知识是生动的、有意义的，从而激发其学习的积极性，加深他们对词语的理解和记忆。在语境中学习生词还能强化学生对目标词语使用范围等的正确理解。第四，生词教学不能独立于课文内容之外，应与课文紧密结合。教师运用课文中所提供的语料，能帮助学生了解目标词语的用法和语用条件。因此，教师在字词教学时应优选课文中的句子、语段及相关资料（如录像等）。在学习汉语字词的同时，加深学生对课文内容的记忆，使字词学习与课文学习相得益彰。

二、教学目标

高级汉语字词课的教学目标如下：

（1）通过设计主动学习活动，调动学生的听说读写综合技能，掌握目标词语的基本知识，包括词性、词义和基本用法等。学生还能通过教学活动反思学习方法与过程，提高学习效率和效果。

（2）帮助学生建立起新的词汇知识与已有知识图式之间的心理词库系统，温故知新，增进对新的词汇知识的理解和记忆。

（3）运用真实的典型性语料，引导学生对目标词语和已学过的相似词语进行辨析、比较，强化学生对目标词语的意义、使用范围的正确理解。

（4）通过一系列模拟真实语境的活动，促使学生主动运用目标词语，加速新知识的内化过程，帮助学生实现对目标词语的熟练应用。

三、教学方法

　　本章将展示15种针对高年级汉语学习者设计的汉语二语字词教学方法。诚然，能够应用于高年级汉语字词的教学方法远远不止15种。这15种方法的设计主要是基于课文内容和目标词语的特点。每种教学方法都不是万能的，都有其适用的词语类别和范围。因此，教师在设计教学方法时必须从目标词语本身的类别、特点出发，并结合课文内容，设计出的教学方法才有可能取得最佳的教学效果，才能有针对性地促进学生对新的字词知识的掌握。以下这15种教学方法集中体现了高级汉语二语字词教学的特点。

表3-1　15种高级汉语二语字词教学方法

教学步骤	教学方法
介绍生词 New Words Introduction	生词侦探
	按意索词
	深究细品
	辨析比词
	表演生词
练习与巩固生词 New Words Practice and Consolidation	以旧换新
	你说我接
	生词主播
	视听搜词
	声临其境
复习与运用生词 New Words Review and Application	选词写题
	你问我答
	入境对话
	场景说词
	观影聊词

　　如表3-1所示,本章展示的教学方法分为三大教学步骤:介绍生词、练习与巩固生词、复习与运用生词。介绍生词所使用的教学方法有5种:生词侦探、按意索词、深究细品、辨析比词、表演生词。"生词侦探"引导学生发挥学习主动性,去积极搜索学过的新词。"按意索词"兼用图片、动作等意象编码及语言直观手段,帮助学生建立新旧知识联系,并利用语素线索找到相应的词,对目标词进行深层次的加工,增强记忆。"深究细品"和"辨析比词"运用语料库,训练学生通过理解、分析、比较来明确目标词语的准确意义和使用范围。"表演生词"是促进学生自主学习和理解生词的语境化教学方法。练习与巩固生词也有5种教学方法:(1)以旧换新。通过寻找已学过的近义词,帮助学生更好地理解和记忆新词。(2)你说我接。这种方法是为练习关联词专门设计的半语境化的学生合作活动;(3)生词主播。这种方法可以促进学生在语境中自主学习生词。(4)视听搜词。这种方法将复习新词与多种语言技能(如听力)操练相结合。(5)声临其境。利用语境化的任务促使学生对目标词语进行练习与巩固。复习与运用生词的5种教学方法是选词写题、你问我答、入境对话、场景说词和观影聊词。这5种教学方法通过各种视听手段来设计语境化的任务,进而训练学生的综合语言技能,使学生能正确运用新词。

　　以上教学方法的设计除了遵循从介绍到巩固、运用的教学步骤外,其所使用的教学活动也是依照从非语境化、半语境化到语境化的逐步过渡来安排的。同时,意象编码活动与语言编码活动相结合,增加了课堂教学的多样性。另外,教师在对学生使用目标词语的要求方面,也是逐渐从单句到复句、语段,从相对机械的操练向交际性的操练过渡。这样的教学设计凸显了高级汉语字词教学的综合性,即汉语字词学习与语境相结合,汉语字词学习与语言技能训练相结合。

　　以下是对上述方法的具体说明。

（一）生词侦探①

1. 界定

"生词侦探"是一种非语境化的促使学生主动学习的教学方法，可以作为生词课的第一个或较早使用的教学活动。

2. 教学内容

经商、了不起、利润、仍旧、决策、壮大、不断、指令性、超前

3. 设计

这种方法所使用的教学用具如下：

（1）展示目标生词的PowerPoint。

经商	了不起	利润
仍旧	决策	壮大
不断	指令性	超前

图3-1

图3-1的PowerPoint上所展示的是这一教学方法中学生要学习的一组生词，共9个。之所以将它们归为一组，是因为这些生词与课文的主要内容紧密相关，是理解课文内容和讨论相关话题时必须要掌握的重要词语。这里用一页PowerPoint将整组生词展示出来，旨在给学生在接下来的猜词活动中提供一个生词范围，有助于他们准确提取目标生词。

（2）下发给每个学生的活动任务单。每张任务单上给出不同的生

---

① 该方法在北京语言大学出版社官网上有演示视频。

词，并标明学生需要去了解的有关这个生词的知识点，例如：

表3-2　活动任务单

生词	词性	中文意思	句子
经商			

4. 步骤

（1）使用PowerPoint展示目标生词。

（2）教师布置任务，提醒学生在学习目标生词过程中需要注意的知识点，介绍任务单。

（3）下发任务单，给学生两分钟的时间自行完成对目标生词的学习，填好任务单上所要求的内容。

（4）请每个学生逐一报告自己分到的生词的词性和中文意思，其他学生充当生词侦探，根据这些线索猜出目标生词。然后，由这名学生使用目标生词造句，教师引导其他学生进行评价，对不准确的地方通过全班讨论来加以纠正。

（5）收回任务单。

5. 反思

通过这种教学方法的展示，大家可以看到，在对高年级中文学习者进行汉语字词教学时，即使是一个非语境化的介绍生词的活动也不应该是简单的、被动的，而应成为促进学生主动学习的契机，培养学生对词语基本知识和用法的自学能力。另外，任务的设计应该体现出层次性和复杂性。学生完成任务的过程是一个从学到用的过程。同时，报告、猜词和互相评价、纠错的步骤兼顾了词语知识的学习和语言技能的训练。活动中训练学生用中文来解释目标生词，能有效帮助学生建立起新词与旧词、新知识与已有的知识之间的联系。因此，"生词侦探"这一教学方法能促使学生进行主动学习，并以学生的旧知识促进其对新知识的理解和记忆。

需要注意的是，这种教学方法所强调的不是某个学生对一个目标生词的掌握，而是全班学生对全部目标生词的掌握。这一点是通过学生之间的互动来实现的。一人介绍，全班猜词，让教师得以了解其他学生对目标生词的熟悉程度。同样，一人造句，全班评价、纠错也体现出其他学生对目标生词的理解。因此，教师应该关注学生互动过程中出现的问题，给出即时反馈，以确保学生对目标生词取得一致的学习成果。

　　这种教学方法在使用中还可以有以下方式：（1）任务单上不指定生词，而是由学生在目标生词的范围中自选一个。那么，后报告的人就有可能因为被别人介绍了自己选的词，而需要临时换词来报告。这种情况能强化学生对全部目标生词的熟悉程度。（2）若教学对象是汉语初级水平学习者，可将用中文来解释目标生词的要求改成用学生母语或用表演的方式来进行，以降低难度，提高初级汉语水平学习者的参与度。

6. 在线资源与网络工具推荐

　　（1）使用Quizlet进行生词预习和练习活动。

　　Quizlet作为一个功能多样的电子生词卡生成器，已经被广泛应用于汉语字词教学的介绍阶段。首先，教师将一课课文的生词录入Quizlet网站，就能生成一套电子生词卡，正面是生词，反面是拼音和英文意思。教师将这套生词卡的网络链接分享给学生，就可以引导他们进行课外人机互动式的生词学习活动，具体见图3-2：

图3-2

　　除了制作生词卡功能外，Quizlet还为学生提供了学习、测试、游戏等生词自学板块。网站可以自动生成各种针对目标生词的练习，巩固学生对于目标生词的记忆，促进学生在课外的主动学习。具体请参考图3-3：

图3-3

　　同时，Quizlet也可以为线上共时课堂所用。这个网站设计的两款课堂活动都突出了"人—机—人"互动模式，以网站为平台、以生词竞赛为形式，帮助教师在课堂上检验学生的生词自学效果。见图3-4：

图3-4

　　（2）使用JeopardyLabs进行线上版"生词侦探"活动。

　　JeopardyLabs这款竞答活动设计及应用程序很符合"生词侦探"这种生词介绍方法的特点，所以我们也可以用它来实现这种教学方法的数字化。

　　首先在线上教学平台（比如Zoom）将学生分组，给每组学生分配一组生词，让学生一起完成这组生词的活动任务单（见表3-3）：

表3-3　活动任务单

生词	词性	中文意思	句子
经商			

学生讨论结束后，老师收回任务单，将学生对生词的解释录入JeopardyLabs应用程序，制作竞答游戏（见图3-5）：

Show: ☑Questions ☑Responses Print

第一组	第二组	第三组
100 买卖东西	100 很好、伟大	100 赚到的钱
经商	了不起	利润
200 一直、还是	200 做决定	200 变得更强更大
仍旧	决策	壮大
300 不停地	300 像命令一样的	300 超过目前
不断	指令性	超前

图3-5

生成如下界面（见图3-6）：

第一组	第二组	第三组
100	100	100
200	200	200
300	300	300

MENU

Team 1	Team 2	Team 3
0	0	0
＋　－	＋　－	＋　－

图3-6

学生选择其他组的题目作答，猜测目标生词，答对获得相应分数（见图3-7、图3-8）。

图3-7

图3-8

竞答结束后再巩固一遍目标生词：

经商	了不起	利润
仍旧	决策	壮大
不断	指令性	超前

图3-9

（二）按意索词

1. 界定

"按意索词"这种教学方法适用于介绍比较形象或者具有特定结构的生词，如"车水马龙"。这是非语境化的教学方法。这种方法一方面使用了图片、动作等意象编码手段帮助学生更加具象地理解目标生词；另一方面运用多种手段，引导学生对目标生词进行深度加工，促进学生的理解和记忆。例如：通过对语素的分析来加深对目标生词的理解，并进行比较。或者根据目标生词的结构特点进行分类，建立起同类的词汇网络。

2. 教学内容

手头、车水马龙、个体经济、赔钱、日用小商品

3. 设计

这种方法所使用的教学用具如下：

（1）介绍生词的PowerPoint。

图3-10

用图3-10的PowerPoint展示整组生词，共5个。这5个生词或表意形象、生动，语素与整词的词义联系紧密；或具有某种结构特点，可以通过语素来归类，建立词汇网络。这些特点使目标生词成为能使用语素分析法来"按意索词"的对象。再展示一张马路上交通繁忙的图片，旨在用意象编码手段引导学生提取第一个目标生词"车水马龙"，对词语意义获得一个具象的认知，帮助记忆。

车水马龙

—— 车像流水，马像游龙。形容车马或车辆很多，来往不绝。

猜一猜，下面哪一词的意思和"车水马龙"差不多？说出你的理由。

闭门造车　　川流不息　　马到功成

图3-11

图3-11的PowerPoint的上半部分是通过看图片和分析语素说出对目标生词"车水马龙"的理解，即给出词语意义的标准解释。教师要提醒学生注意的是整词的词义与语素义的关系，加深学生对语素分析方法的认识。PowerPoint的下半部分是为目标生词找近义词的深加工活动。这个活动中备选的三个词都或多或少地含有目标生词的语素义。在这一活动过程中，学生会运用语素分析法来选出答案。这样做可以深化学生对目标生词的理解。

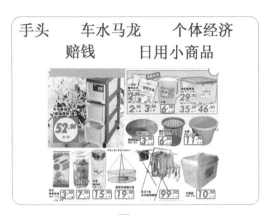

图3-12

图3-12的PowerPoint开始第二个目标生词"日用小商品"的学习，同样用到了以图引词的意象编码手段。PowerPoint的上半部分再次给出整组生词，提供选词范围。下半部分展示了一张超市宣传单的局部，引导学生说出目标生词"日用小商品"，然后再围绕该目标生词进行接下来的活动。

图3-13

图3-13的PowerPoint展示的是第三个目标生词"手头"。其步骤为：1）展示整组生词，教师以手中执笔的动作，引导学生提取目标生词"手头"。2）整组生词消失，仅剩目标生词，并给出其词义的标准解释。3）展示一段语料，提醒学生注意"手头"使用时的一些特殊搭配。4）引导学生在文本中推演出"手头"的引申义及其特殊搭配的具体意义，给出标准解释。

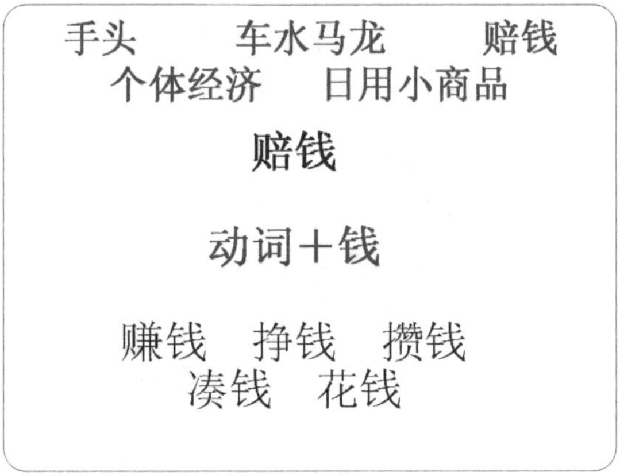

手头　　车水马龙　　赔钱
个体经济　日用小商品

赔钱

动词＋钱

赚钱　挣钱　攒钱
凑钱　花钱

图3-14

使用图3-14PowerPoint，学习第四个目标生词"赔钱"。具体步骤如下：1）展示整组生词，通过找反义词的活动，引导学生提取目标生词"赔钱"。2）给出目标生词，提醒学生注意其语义结构。3）在学生说出正确答案后，给出目标生词的结构特点。引导学生说出更多这种动宾结构的词，并根据结构特点进行分类，建立词汇网络。4）展示例词。

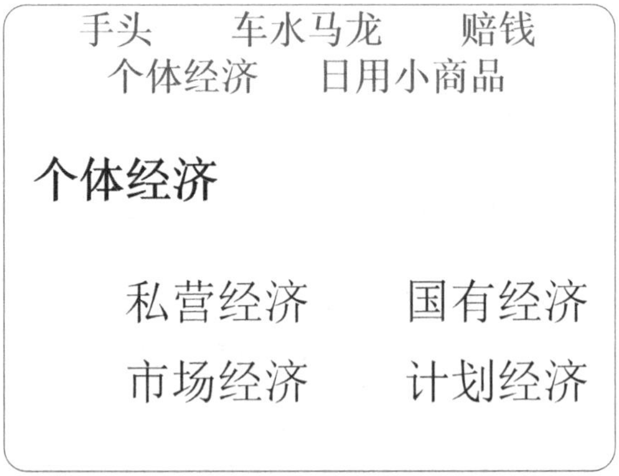

手头　　车水马龙　　赔钱
个体经济　日用小商品

个体经济

私营经济　　国有经济
市场经济　　计划经济

图3-15

图3-15是第五个目标生词"个体经济"所使用的PowerPoint，步骤同前。先通过找近义词的手段，引导学生在整组生词中找出目标生词"个体经济"。然后，教师带领学生总结不同的经济体制和经济形式，并给出例词。

（2）图片。

图3-16

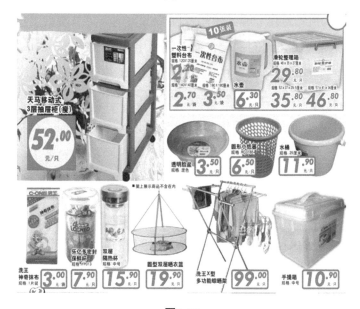

图3-17

（3）一支用来形象示意的笔。

4. 步骤

（1）在PowerPoint上展示本组目标生词，学生集体朗读，检查学生的识读情况。教师注意正音。

（2）展示图3-16，引导学生说出目标生词"车水马龙"及他们对目标生词的理解，并给出标准解释。

（3）进行找近义词的活动。在给出的一组词语中，训练学生通过分析各语素义，确定"车水马龙"的近义词是"川流不息"，强化对目标生词的理解。

（4）展示图3-17，导入目标生词"日用小商品"。并通过提问的方式，与学生已学的"超市""药店"等词语相联系，建立词汇网络。

（5）用手中执笔这一动作，引导学生理解"手头"一词的本义。

（6）展示一段真实语料，请学生朗读。引导学生基于文本推演出"手头"的引申义，并了解其常用搭配。

（7）通过找反义词的手段，导入目标生词"赔钱"。

（8）点出"动词＋钱"的结构特点，让学生说出更多有着这类结构的词，与已有知识相联系，建立起新的认知图式。

（9）通过找近义词的手段，引导学生说出目标生词"个体经济"，总结出不同的经济体制和经济形式，以"……经济"为基本结构，建立词汇网络。

5. 反思

由于高年级的中文学习者已经拥有了相当的词汇量和语言能力，这也就使引导学生自己通过分析语素义来理解新词成为可能。语素分析的方法是一种理解生词词义的有效手段。因此，在高级汉语字词教学中，教师应有意识地培养学生使用语素分析法的习惯，提高学生的自学能力。对图式化教学而言，语素就像是联系新旧知识的桥梁。用旧知识来促进新知识的学习，学习新知识的同时又复习了相关的旧词。如此以旧促新，以新带旧，温故而知新。同时，词汇网络的建立能帮助学生整理原有知识，并将新词融入已有的认知图式中，实现更有效的理解和记忆。

在这一教学方法的使用中，课堂上经常可以观察到学生的互帮互助行为。当学生提问时，教师不要急于作答，可以在第一时间把问题还给全班学生，引发他们思考和讨论。如果必要的话，教师再做一些补充说明和讲解。事实证明，这样做的效果非常好。学生之间自发的合作与互动也是高年级课堂教学的一个重要特点。

6. 在线资源与网络工具推荐

这种教学方法的主要教学用具就是PowerPoint。PowerPoint可以很方便地在多种线上教学平台上使用，如Zoom或Microsoft Teams的共时课堂。PowerPoint也可以供学生在非共时教学时自主学习。

（三）深究细品

1. 界定

这种教学方法介绍的生词有一个共同特点，那就是有其特定的使用范围和修饰对象。因为学生已经学习过这些词语的近义词，所以学习的重点不再是词义了，而是能在不同语境中准确使用，即重在提高学生运用目标词语的准确度。这种教学方法属于半语境化教学，可以借助语料库来实现，从体现目标词语典型语境的真实语料出发，让学生先体会后总结，归纳出目标词语的知识点和使用规则。

2. 教学内容

以介绍"红火"等生词为例。

3. 设计

这种教学方法所使用的教学用具如下：

（1）展示目标词语的PowerPoint。

1. 美国的旅游业一天比一天红火，9年来持续增长。
2. 奥运期间，北京市各大商场生意红火，中外顾客购物踊跃。
3. 今天的中国农民越来越富裕，日子越过越红火。
4. 近年来，各类职业学校办得很红火。

图3-18

图3-18的PowerPoint展示了从语料库中选取的包含目标词语的四个例句。这些例句体现了"红火"一词的典型使用语境，可以让学生来推演其词义。教师可指导学生归纳"红火"的使用范围和修饰对象。

词语用法：

"红火"一般用于形容生意、行业、生活等兴旺、热闹。

图3-19

在引导学生体会目标词语"红火"的意义和特点后，图3-19的Power-Point又给出了"红火"的使用范围等。

（2）用于巩固知识和检查学习效果的习题单。

学生完成了对目标词语知识点和使用规则的学习后，教师可以用图3-20的PowerPoint展示为检验学生学习效果所设计的练习，以帮助学生巩固知识，强化对目标词语的理解。

练习：

一、判断正误：

1.这条马路很红火。　　　　　　　　　　（　　）

2.我的邻居越来越红火。　　　　　　　　（　　）

3.这个产品在世界各地都卖得特别红火。　（　　）

二、用"红火"完成句子：

1.这家小店＿＿＿＿＿＿＿＿。

2.随着人们生活水平的提高，＿＿＿＿＿＿＿＿。

图3-20

4. 步骤

（1）使用PowerPoint展示从语料库中选取的使用目标词语的例句。

（2）引导学生从例句所提供的语境中归纳目标词语的词义。

（3）提醒学生注意目标词语的特定使用语境，请学生在白板上画出各例句中目标词语的修饰对象。

（4）进一步引导学生归纳目标词语的特定使用范围。

（5）用PowerPoint展示正确的使用规则。

（6）下发习题单，让学生完成习题。

（7）学生讨论习题答案，巩固和强化所学知识。

（8）重复步骤（1）至（7），介绍下一个目标词语。

5. 反思

对高年级中文学习者而言，影响他们语言准确度的一个重要方面就是能否熟练掌握近义词或同义词的细微差别，从而进行正确的使用。因此，对这类词语的正确理解就成为高级汉语字词教学的目标之一。"深究细品"所使用的语料库也可帮助学生从目标词语的典型例句中感知其使用特点。

首先，教师要从语料库中选择可体现目标词语典型语境的例句，再引导学生抓住学习的重点和难点。教师在指导学生分析例句时，应有条不紊，逐层深入。第一遍读例句是让学生理解词义，第二遍读是让学生注意目标词语的使用语境和对象，到了第三遍，则是让学生找出目标词语的常用搭配，第四遍时，就是让学生归纳包含目标词语的句子在意义或结构上的特点了。最后，教师对所学知识点进行全面总结，确保学生获得整体认识。

6. 在线资源与网络工具推荐

用深究细品这种教学方法进行线上教学时，教师可以用Kahoot网站布置人机互动式练习，以便学生加深印象、巩固记忆。可以是判断对错练习，如图3-21、图3-22和图3-23。

图3-21

我的邻居越来越红火。

23
Answers

◆ True

▲ False

图3-22

这个产品在世界各地都卖得特别红火。

28
Answers

◆ True

▲ False

图3-23

教师还可以让学生用目标生词"红火"完成句子：

这家小店_____。

29
Answers

图3-24

随着人们生活水平的提高，_____。

图3-25

教师只要把这组习题的网络链接发给学生，就可以让学生在课上或者课后完成，对生词知识进行有效复习。学生完成作答后，网页会显示正确答案，给予学生即时反馈。

（四）辨析比词

1. 界定

"辨析比词"是一种以语料库为基础的半语境化教学方法。"辨析比词"法突出了比较的内容，以避免学生在学习目标词语时，因易混淆的近义词而错用。通过辨析比较，完成对目标词语的深度加工。

2. 教学内容

介绍"依据"等生词，并比较"依据"与"根据"等。

3. 设计

这种教学方法所使用的教学用具如下：

（1）展示目标词语的PowerPoint。

依据/根据

1. 市场经济要求企业严格<u>依据</u>合同办事。
2. <u>依据</u>国家当时的人口政策，一个家庭只能有一个
   孩子。
3. <u>依据</u>法律的规定，这种行为已经对他人构成了
   伤害。
4. <u>根据</u>新闻的报道，我们可以想象出当时的情况。
5. <u>根据</u>经理所说，公司会在春节前将工资发给
   职工。
6. 只有<u>根据</u>她现在的情况，医生才能决定怎样对
   她进行治疗。

图3-26

当课生词中有"依据"一词，而学生之前已经学过了"根据"一词。两词词义相似，但使用范围和特点却不同。为了提高学生在语言使用上的准确度，我们可以使用"辨析比词"法将两词成对提出，使用大量例句，在语境中进行比较，以确保学生对它们的不同用法有鲜明印象。图3-26的PowerPoint就展示了在语料库选取的这组近义词的6个典型例句。学生可以通过"根据"来了解"依据"的意思，教师要提醒学生注意两词搭配对象的不同，见图3-27。

依据/根据

依据 ＋ 法律、规定、协议、政策、
　　　合同等正式文件；
　　　（不可以与情况或某人说的话搭配）

根据 ＋ 协议、规定；情况、报道；
　　　某人的话。

图3-27

学生通过分析语料，归纳出"依据"和"根据"这对近义词的不同搭配对象。图3-27的PowerPoint展示出"依据"和"根据"这对近义词不同的使用范围和特点。

介绍完重要知识点和规则后，教师可以用有针对性的练习来检查学生的学习效果，巩固学生对目标词语的理解。

（2）用于巩固知识、检查学习效果的习题。

完成下列练习：

用"根据"或"依据"改写句中的画线词：

1.<u>据</u>有关消息报道，这个市场的经济地位日趋重要。

2.<u>据</u>他分析，汽油价格还会继续上涨。

3.<u>据</u>相关协议规定，她去中国留学的全部费用都由中国政府承担。

图3-28

4. 步骤

（1）使用PowerPoint展示目标词语和其近义词，以及为目标词语在语料库中选取的例句。

（2）引导学生比较两组例句，对这组近义词在用法上的细微差别进行辨析。

（3）将学生分为两组，分别讨论其中一个词的具体用法。

（4）学生报告讨论结果。提醒学生注意例句中影响词语使用的关键词，引导他们归纳这组近义词在用法、语义上的细微差别。

（5）使用PowerPoint展示出每组词语的使用规则，强调它们的不同点。

（6）分发习题，学生完成练习。

（7）学生互相讨论练习答案，巩固对本组近义词不同特点的正确认识。

（8）重复步骤（1）至步骤（7），介绍下一组进行辨析的词语。

5. 反思

这种教学方法立足于语料库，突出对近义词之间细微差别的辨析，强化学生对目标词语使用语境的理解。近义词之间易混淆，给学习者带来困扰。教师使用典型例句进行比较，可以帮助学生厘清近义词之间的差别，提高学生运用目标词语的准确度。

教师在练习的设计上要体现针对性，突出重点。便于教师及时发现学生的薄弱环节，进行有的放矢的指导。

6. 在线资源与网络工具推荐

教师在线上进行"辨析比词"时，可以在kahoot网站上制作习题任务单。图3-29到图3-31设计的题型是"选择正确答案"：

1. *据*有关消息报道，这个市场的经济地位日趋重要。

图3-29

2. *据*他分析，汽油价格还会继续上涨。

图3-30

123

图3-31

学生根据之前的生词学习，分析得出用法特点，在习题网页上选择语料中的"据"用一个目标生词替换，作答后获得即时的反馈。

（五）表演生词

1. 界定

这是一种表演性的介绍生词的教学方法，适用于学习一组词性相同、词义具体且有表现力的生词。

2. 教学内容

以"痴迷、热烈、优美、繁忙、固定、刻苦"等为例，教师可指导学生通过表演的方式把词义展示出来。

3. 设计

图3-32为布置任务的PowerPoint。

活动：表演生词

· 请选一个形容词，用一个姿态把它表演出来，
  让大家猜猜！

图3-32

4. 步骤

（1）展示PowerPoint，布置任务。可通过举例和示范表演，让学生
理解任务。

（2）将学生分成两到三人的小组，选择符合规定词性的生词，讨论
表现方式。

（3）每组学生展示如照片一样的静止姿态，让其他同学猜所表演的
生词。

（4）揭晓正确答案，全班一起复习。

5. 反思

这是一种非常好的活跃课堂气氛的教学方法。它让学生创造性地对
目标词语进行深加工，与图像编码相结合，提高学习和记忆汉语字词的
效率。

这种教学方法不仅适合表演单个汉语词语，还可以用来表现复杂的场
景及词语之间的关系。老师可以创设情境，如"京剧演唱会"，把相关
的词语组合在一起，如"票友、基本功、排练、刻苦"，也可由学生自
己用目标词语创设情境。

6. 在线资源与网络工具推荐

在线上教学时，可把这种教学方法从分组活动变为个人活动，有两种实施方案：

（1）线上共时课（synchronous class），可直接在教学平台上请学生打开摄像头进行表演和参与猜词。

（2）线上非共时课（asynchronous class），可使用Flip网站创建"人—机—人"互动活动：

图3-33

在图3-33的Flip网页，老师可以通过图片或者视频布置任务，学生按照要求上传表演姿态图片或者表演视频。每个学生上传后，老师和其他学生可对其进行评论，完成猜词任务。

（六）以旧换新①

1. 界定

"以旧换新"作为练习与巩固生词所使用的一种教学方法，是以词为单位，为新旧知识之间搭桥的半语境化教学方法。这种教学方法可以对部分生词进行词义层面的复习。教师可以在设置的语境中，让学生进行新词与已知词语的配对活动，将旧的表达方式换成新的表达方式，从而达到练习生词并巩固所学知识的目的。同时，这一教学方法所使用的语

---

① 该方法在北京语言大学出版社官网上有演示视频。

料也有一定的阅读量，可以训练学生的阅读技能。因此，这是生词学习与阅读练习相结合的教学方法。

2. 教学内容

练习"随处可见、客流量、仍旧、照常、购销两旺、了不起、例外、车水马龙、自产、大多、决策、指令性、日趋、白手起家、绝对"等生词。

3. 设计

这种教学方法所使用的教学用具如下：

（1）展示例文的PowerPoint。

> 汉正街小商品市场被称为"天下第一街"。这个市场非常著名，每天都有很多人慕(mù)名(míng)到这里来买东西，专门从外地过来的顾客也是（到处都看得到）。就算在很少市场营业的星期一，这个市场里的商店（还是）（和平常一样）营业，而且（买卖非常兴旺）。
>
> 汉正街市场里的经营者（大部分）是做批发生意的，只有少数几家（和别人不一样）。这里商店卖的商品一部分是由他们（自己生产）的，也有从南方购买回来的。
>
> 这个市场里的经营者们依据市场的情况来做出生意上的（决定），赔钱的买卖他们（肯定）不会做。随着市场经济的发展，汉正街小商品市场的经济地位（一天比一天）重要。

图3-34

图3-34的PowerPoint展示了一篇与课文内容相似的短文，这篇短文是教师根据活动需要编写的。短文里用到的都是学生已经学过的旧词，括号里的词语和短语可以用本课所学的近义或同义新词来替换。因为短文共有三段，所以在接下来的换词活动中，学生也是分为三组来进行，每组负责一段。

（2）提供三组待选生词的海报板。不同的组用不同的纸张颜色来区别（见图3-35）。

图3-35

海报板上展示的三组备选生词为每组学生提供了一个选择新词的范围，帮助学生更准确地找到与已掌握的词相匹配的新词，以旧带新，实现巩固的效果。

（3）三组任务单。

第一组：

请将下面一段话中括号里的词语换成本课的新词：

　　汉正街小商品市场被称为"天下第一街"。这个市场非常著名，每天都有很多人到这里来买东西，专门从外地过来的顾客也是（到处都看得到）。就算在很少市场营业的星期一，这个市场里的商店（还是）（和平常一样）营业，而且（买卖非常兴旺）。

图3-36

第二组：

请将下面一段话中括号里的词语换成本课的新词：

　　汉正街市场里的经营者（大部分）是做批发生意的，只有少数几家（和别人不一样）。这里的商店卖的商品一部分是由他们（自己生产）的，也有从南方购买回来的。

图3-37

第三组：

请将下面一段话中括号里的词语换成本课的新词：

　　这个市场里的经营者们依据市场的情况来做出生意上的（决定），赔钱的买卖他们（肯定）不会做。随着市场经济的发展，汉正街小商品市场的经济地位（一天比一天）重要。

图3-38

4. 步骤

（1）用PowerPoint展示学生在活动中将要阅读的包含目标词语相关内容的例文。

（2）根据例文的三个段落，将学生分为三个小组进行活动，布置任务，分发任务单。

（3）每组学生负责处理一个段落，将括号中的旧词语换成合适的目标词语。

（4）展示提供待选新词范围的海报板，让三组学生讨论，在不同组的候选词中找出正确的目标词语。

（5）每组派一个代表在海报板上勾出他们的答案。

（6）请每组同学依次报告他们所选的新词，教师引导其他学生一起评价，共同练习。

5. 反思

　　"以旧换新"是练习与巩固生词的教学方法，通过联系新旧知识，将新字词纳入旧图式，帮助学生巩固新字词的相关知识，强化对目标词语的正确理解，即用学生的已有知识来促进他们对新知识的学习。

　　需要指出的是，在这一类教学方法中，成败的关键取决于选取的语料。大家可以看到，提供给学生的这篇短文语料与当课的课文内容十分相似。这样做的目的有两个：一是生词学习紧扣课文的内容，可以获得更好的学习成果。高级汉语字词教学不应该脱离课文的学习，应将二者紧密结合，相互促进，相辅相成。二是补充材料与课文保持相当程度的一致性，有助于学生在练习过程中联想所学的新词、新知识，进一步巩固和内化，不会给学生带来额外的认知负荷，对学习效果产生负面的影响。

6. 在线资源与网络工具推荐

以旧换新这种教学方法在线上教学时中可以使用LIVEWORKSHEETS网站，生成"人—机"互动式任务单，让学生在线完成换词练习，达到练习与巩固生词的目的。

图3-39到图3-41是选词填空练习的习题单：

第一组：

请将下面一段话中括号里的词语换成本课的新词：

　　汉正街小商品市场被称为"天下第一街"。这个市场非常著名，每天都有很多人慕名到这里来买东西，专门从外地过来的顾客也是＿＿＿＿＿＿（到处都看得到）。就算在很少市场营业的星期一，这个市场里的商店＿＿＿＿＿（还是）＿＿＿＿＿（和平常一样）营业，而且＿＿＿＿＿＿（买卖非常兴旺）。

随处可见　　客流量　　仍旧　　照常　　购销两旺

图3-39

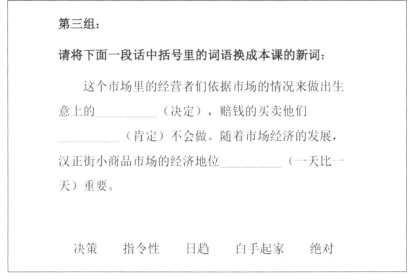

第二组：

请将下面一段话中括号里的词语换成本课的新词：

汉正街市场里的经营者＿＿＿＿＿＿（大部分）是做批发生意的，只有少数几家＿＿＿＿＿＿（和别人不一样）。这里的商店卖的商品一部分是由他们＿＿＿＿＿＿（自己生产）的，也有从南方购买回来的。

了不起　　例外　　车水马龙　　自产　　大多

图3-40

第三组：

请将下面一段话中括号里的词语换成本课的新词：

这个市场里的经营者们依据市场的情况来做出生意上的＿＿＿＿＿＿（决定），赔钱的买卖他们＿＿＿＿＿＿（肯定）不会做。随着市场经济的发展，汉正街小商品市场的经济地位＿＿＿＿＿＿（一天比一天）重要。

决策　　指令性　　日趋　　白手起家　　绝对

图3-41

学生点开教师分享给他们的网络链接后，就可以在页面上通过拖拽目标生词到空格处，完成练习（见图3-42到图3-44）：

第一组：

请将下面一段话中括号里的词语换成本课的新词：

　　汉正街小商品市场被称为"天下第一街"。这个市场非常著名，每天都有很多人慕名到这里来买东西，专门从外地过来的顾客也是 随处可见 （到处都看得到）。就算在很少市场营业的星期一，这个市场里的商店 仍旧 （还是） 照常 （和平常一样）营业，而且 购销两旺 （买卖非常兴旺）。

客流量

图3-42

第二组：

请将下面一段话中括号里的词语换成本课的新词：

　　汉正街市场里的经营者 大多 （大部分）是做批发生意的，只有少数几家 例外 （和别人不一样）。这里的商店卖的商品一部分是由他们 自产 （自己生产）的，也有从南方购买回来的。

了不起　　　　　车水马龙

图3-43

第三组：

请将下面一段话中括号里的词语换成本课的新词：

　　这个市场里的经营者们依据市场的情况来做出生意上的_决策___（决定），赔钱的买卖他们_绝对___（肯定）不会做。随着市场经济的发展，汉正街小商品市场的经济地位_日趋___（一天比一天）重要。

指令性　　　　　　白手起家

图3-44

　　学生答题结束后，可以点击页面底部的Finish按钮，获得即时反馈，得知正误情况和分数，对自己的生词练习进行反思（见图3-45、图3-46）：

图3-45

图3-46

（七）你说我接①

1. 界定

在高级汉语字词学习中，由于关联词往往出现在复句或语段中，所以，"你说我接"这种教学方法是由学生来合作联句的半语境化教学方法，旨在练习与巩固这类词语，加深学生对这类词语使用语境和所连接的从句关系的认识。

2. 教学内容

复习新学的"可想而知"及关联词。

3. 设计

这种教学方法所使用的教学用具非常简单，就一张目标词语的生词卡：

可想而知

4. 步骤

（1）教师向全班展示生词卡，检查学生对目标词语意义、用法及使

① 该方法在北京语言大学出版社官网上有演示视频。

用语境的理解程度。

（2）介绍活动设计，布置合作联句任务。

（3）学生根据任务进行准备。

（4）师生互动，演示联句活动。

（5）学生互动。一人说出开头的从句，而后随机指定合作伙伴，使用目标词语进行联句，补充复句或语段的后半部分。

（6）教师和其他学生进行评价和纠错。

5. 反思

这种教学方法通过学生间的分工合作，共同完成一个复杂的句子，能让学生很直观地体会关联词的语用环境。学生对使用目标词语的从句的关系特征也能认识得更为深刻，从句的关系特征对关联词的学习起着重要的作用。

由于是学生互动完成的活动，所以教师应注意帮助学生把握前后句子在意义和结构上的一致性和完整性，对关联词进行有效练习。

6. 在线资源与网络工具推荐

"你说我接"这种教学方法互动性很强，可以在线上课堂直接使用。教师也可以用Flip网站布置"人—机—人"互动的课外作业（见图3-47）：

图3-47

学生用文字、音频或者视频上传复句的第一部分，其他同学也用文字、音频或者视频，用目标生词将句子补充完整。通过这个合作造句的练习，加深学生对目标生词意义和用法的理解和记忆。

（八）生词主播

1. 界定

"生词主播"是为练习与巩固生词设计的语境化教学方法，也是汉语字词学习和阅读、口语技能训练相结合的教学方法。以角色扮演新闻主播的方式，调动学生的学习主动性。以当课的生词为主，课外新闻材料为辅，创设与课文相关的真实语境，促进学生对目标生词的练习与巩固。

2. 教学内容

与"买房"主题相关的如"楼盘、销售、面积、按揭"等生词。

3. 设计

这一教学方法所使用的教学用具相对简单，就是一张展示新闻话题和相关词语的PowerPoint，用于布置语言任务。

新闻话题：买 房			
楼盘	销售	人员	靠近
面积	居室	采用	按揭

图3-48

4. 步骤

（1）展示PowerPoint，布置语言任务。根据"买房"这一主题和课文中的相关词语，在网上查找合适的新闻，阅读并理解其内容，再尽量使用课文中出现的词语向全班报告新闻的主要内容。

（2）给学生足够的时间完成任务，准备新闻播报。活动可以个人为单位进行，也可以小组为单位进行。可以当堂准备、当堂播报，也可以在课后完成，下次课进行播报。

（3）学生扮演新闻主播，向全班播报规定主题的新闻内容。

（4）播报完成后，老师带领全班学生指出新闻中提及的目标生词，强化印象，以达到练习与巩固的目的。

5. 反思

这一教学方法充分体现了高年级汉语字词学习的语境化和综合性特点，教师可以根据班级的实际水平，采用相应的方法。例如：教师可以为学生准备与规定话题相关的新闻材料，在准备播报环节分发给学生阅读。这样可以有效地控制语料的难度，保证材料适合学生的汉语水平，有较强的针对性，也可以节省活动时间。

6. 在线资源与网络工具推荐

（1）线上课堂直接使用。

（2）在Flip网站设置话题页，请学生上传新闻播报录像（见图3-49）。

图3-49

（九）视听搜词

1. 界定

"视听搜词"是在练习与巩固阶段常常使用的集生词练习和听力训练

于一体的半语境化教学方法。教师运用多媒体视听材料，让学生在听力活动中准确提取目标词语，从而帮助他们实现对所学生词的全面认知和掌握，达到"四会"——会认、会说、会用、会听。

2. 教学内容

复习"日趋、红火、赔钱、自产、手头、行情、大多、决策、绝对、指令性、批量、可想而知、购销两旺、车水马龙、随处可见、日用小商品"等课文中的重点生词。

3. 设计

这种教学方法所使用的教学用具如下：

（1）展示听力活动备选生词的PowerPoint。

看录像，并选出你听到的生词：
- 第一段：
  - 随处可见　　车水马龙　　日趋
  - 日用小商品　　大多　　购销两旺
- 第二段：
  - 批量　　自产　　红火
  - 随处可见　　决策　　日趋
- 第三段：
  - 绝对　　手头　　指令性
  - 行情　　可想而知　　赔钱

图3-50

图3-50的PowerPoint展示的是为这个视听选词活动提供的备选答案。教师将录像分为三段播放，每段之间稍作停顿，给学生在任务单（图3-52）上作答的时间。学生在这个活动中，看录像、听解说，并在备选生词中选出听到的词语。

（2）展示听力活动正确答案的PowerPoint。

看录像，并选出你听到的生词：
- 第一段：
  车水马龙
  日用小商品　　大多　　购销两旺
- 第二段：
  红火
  随处可见　　　　日趋
- 第三段：
  手头
  可想而知

图3-51

配合学生报告听力活动的答案，展示图3-51的PowerPoint。根据学生的报告，删去每段中多余的生词，只留下正确答案。

（3）与当课主课文相配套的录像片段。（根据活动需要进行了二次剪辑）

（4）提供备选生词的听力任务单。

看录像，并选出你听到的生词：

第一段：

随处可见　车水马龙　日趋　日用小商品　大多　购销两旺

第二段：

批量　自产　红火　随处可见　决策　日趋

第三段：

绝对　手头　指令性　行情　可想而知　赔钱

图3-52

139

4. 步骤

（1）展示为这个活动准备的提供备选生词的PowerPoint。

（2）布置在视听材料中搜索所学生词的活动任务，下发任务单。

（3）分三段播放录像，让学生边听边选出当课学过的生词。每段录像播放完后，稍作停顿，供学生完成选词任务。

（4）请三个学生分别说出他们在每一段录像中听到的生词，全班学生一起讨论，得出正确答案。

（5）使用PowerPoint依次展示每段的正确答案。

5. 反思

这种教学方法旨在将生词知识的学习与语言技能训练相结合，突出高级汉语字词教学的综合性。不同形式的教学活动有助于增加课堂教学的多样性和丰富性，让学生保持注意力。

需要注意的是，在汉语字词教学的练习与巩固阶段，需承上启下。既承接之前的生词学习，又要为之后的生词运用做铺垫。教师可以设计两个使用同一材料的活动，前者为生词的练习与巩固，后者为生词的复习与运用。这样就能更加顺畅地引导学生从懂到会，使整个教学过程环环相扣。

6. 在线资源与网络工具推荐

这一教学方法以多媒体视听材料为教具，较适合线上教学。学生选词时可以直接记录听到的课文生词，也可以使用LIVEWORKSHEETS平台生成的"人—机"互动活动单，选出课文生词，进行相应的练习。

（十）声临其境

1. 界定

"声临其境"是促进学生主动运用目标词语的语境化教学方法。在这种教学方法中，学生需要扮演录像解说员的角色，使用之前听力活动中找出的生词为录像配音。在这种模拟真实情况的语境中，教师指导学生运用目标词语来完成任务，实现从词语到句子再到段落的语言表达。

2. 教学内容

用"日趋、红火、手头、大多、可想而知、购销两旺、车水马龙、随处可见、日用小商品"等生词，完成语言任务。

3. 设计

这种教学方法所使用的教学用具如下：

（1）展示在每段录像中需要使用的目标词语的PowerPoint（即前一种教学方法中所展示的听力活动正确答案）。

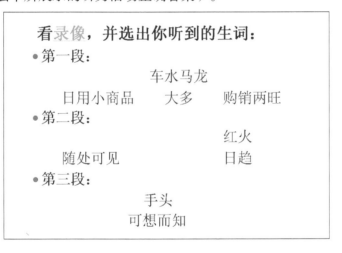

看录像，并选出你听到的生词：
- 第一段：

车水马龙

日用小商品　　大多　　购销两旺
- 第二段：

红火

随处可见　　　　日趋
- 第三段：

手头
可想而知

图3-53

在布置任务阶段依然展示的是这张听力活动正确答案的PowerPoint（见图3-53），用以提醒学生各录像片段的主要内容及解说录像时需要使用目标词语。

（2）与本课主课文相配套的录像片段。（根据活动需要进行了二次剪辑，在前一种方法中已经播放过。）

（3）学生依然使用在上一个听力活动中完成的任务单。（已在上一活动中圈出了正确生词，可以为准备解说稿提供内容线索。）

看录像，并选出你听到的生词：

第一段：

随处可见　车水马龙　日趋　日用小商品　大多　购销两旺

第二段：

批量　自产　红火　随处可见　决策　日趋

第三段：

绝对　手头　指令性　行情　可想而知　赔钱

图3-54

4. 步骤

（1）教师展示包含所有目标词语的PowerPoint，并布置活动任务，让学生运用之前听到的目标词语解说录像。之后，将学生分成三组。

（2）播放经过消音处理的同一录像（共三段），提醒学生注意画面中出现的场景和事物，为描述录像收集线索。

（3）给学生3到5分钟的时间，分组讨论，运用目标词语准备讲稿。每组学生解说一段录像。

（4）再次播放无声录像，请三组学生依次为三段录像进行解说。教师和其他学生对目标词语的运用情况进行评价，教师在必要时可进行纠错。

5. 反思

这种教学方法通过一个模拟真实情况的任务，促使学生主动进行有意义的操练，并运用目标词语，分组合作完成任务。这种教学方法也是对任务型教学法理念的一种实践。

为了保证教学效果，使用这种教学方法时需要注意以下几点：（1）选择合适的录像片段。录像内容应与使用目标词语的典型语境相匹配，画面应对学生的语言使用有正确的引导作用。（2）学生的语言表达应以正确运用目标词语为首要目标。在师生共同努力，确保这一目标实现的基础上，教师还应该鼓励和引导学生做适当的语言拓展，提高成段表达能力，力求兼顾语言的准确度与复杂度。

6. 在线资源与网络工具推荐

教师在线上教学平台让学生分组讨论，准备好解说稿。然后每组为无声录像配音，或者课后在Flip网站上完成并上传配音的录像。

（十一）选词写题

1. 界定

"选词写题"同样贯彻了任务型教学法，属于开放式的语境化教学。在这个任务中，学生需要扮演记者的角色，在接到采访私营企业或国有企业员工的采访任务后，以小组为单位进行讨论。在给出的目标生词范围内选择词语，设计出一份采访提纲，为后面的采访活动做准备。

2. 教学内容

用"起家、机遇、挑战、行情、利润、依据、决策、先决条件"等生词完成语言任务。

3. 设计

这种教学方法所使用的教学用具如下：

（1）展示活动任务和目标生词范围的PowerPoint。

> ● 采访准备（第一组）
>
> 　请选用规定生词，设计一份采访<u>个体经营者</u>的采访问题：（至少使用4个生词）
>
> （起家　机遇　挑战　行情　利润　依据　决策　先决条件）
>
> ● 采访准备（第二组）
>
> 　请使用规定生词，设计一份采访<u>国有企业员工</u>的采访问题：（至少使用4个生词）
>
> （起家　机遇　挑战　行情　利润　依据　决策　先决条件）

图3-55

首先展示图3-55的PowerPoint，布置任务。教师将学生分为两组，让其根据此PowerPoint和（2）中的活动任务单准备采访问题。

（2）两份针对不同采访对象并提供目标生词的活动任务单。

> 第一组：
>
> ### 选词写题　准备采访
>
> 　请选用规定生词，设计一份采访<u>个体经营者</u>的采访问题：（至少使用4个生词）
>
> （起家　机遇　挑战　行情　利润　依据　决策　先决条件）
>
> 　问题：

图3-56

第二组：

选词写题　准备采访

请使用规定生词，设计一份采访<u>国有企业员工</u>的问题：
（**至少使用4个生词**）

（起家　机遇　挑战　行情　利润　依据　决策　先决条件）

问题：

图3-57

4. 步骤

（1）教师将学生分为两组，布置任务。每组的学生以记者的身份，根据不同的采访对象，通过小组合作准备采访提纲。

（2）小组讨论，完成任务。

（3）每组学生分别报告，教师和其他学生对报告的学生使用目标生词的情况进行评价，教师在必要时进行纠错。

5. 反思

这种教学方法让学生在模拟的真实语境中，主动使用目标生词，在完成任务的过程中正确运用目标生词。从"解说录像"到"采访准备"，是从相对封闭的语言表达到开放的语言表达。后者借助的辅助材料更少，对学生使用语言的限制也更少。学生在完成任务时需要有更开放的思维，进行语言的组织。这样的宽松语境有助于培养学生根据实际需要遣词造句的能力，加强其运用目标生词自由表达的能力，也能深化学习效果。这也是教师组织教学时需要考虑的一个重要方面。

另外，任务间的连贯性也是在教学设计时需要注意的。在任务型教学法的课堂中，一个教学目标的实现，往往要设计多个任务层层推进来完成。在这种情况下，如果任务之间互不关联，就会显得杂乱，给学生增加不必要的认知负荷，影响其操练效果，也无法很好地完成任务。因此，在设计任务时，教师应有全局意识，让任务互为关联，便于学生更好地理解。这一理念在方法九、十、十一和十二的设计中都有不同程度的体现。

6. 在线资源与网络工具推荐

（1）使用线上课堂的分组功能，将学生分为两组讨论，完成采访提纲。

（2）让学生使用ChatGPT软件，进行"人—机"互动式的语言练习。可参考图3-58：

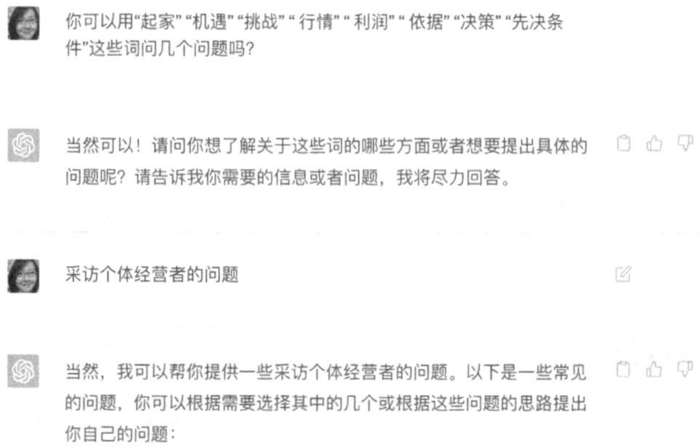

你可以用"起家""机遇""挑战""行情""利润""依据""决策""先决条件"这些词问几个问题吗？

当然可以！请问你想了解关于这些词的哪些方面或者想要提出具体的问题呢？请告诉我你需要的信息或者问题，我将尽力回答。

采访个体经营者的问题

当然，我可以帮你提供一些采访个体经营者的问题。以下是一些常见的问题，你可以根据需要选择其中的几个或根据这些问题的思路提出你自己的问题：

图3-58

图3-59到图3-62是ChatGPT给出的答案：

1.

起家：

- 您是如何开始您的个体经营的？是有什么特定的原因或灵感吗？
- 在创业初期，您遇到了哪些困难或挑战？是如何克服它们的？

2.

机遇：

- 您是如何发现或抓住您所经营领域的机遇的？
- 您认为当前市场上有哪些机遇是个体经营者可以利用的？

图3-59

3.

挑战：

- 在您的个体经营过程中，您面临过哪些主要挑战？如何应对这些挑战？
- 个体经营者在面临竞争激烈的市场时，通常会面临哪些常见挑战？

4.

行情：

- 您如何了解和分析行业或市场的行情趋势？这对您的决策有何影响？
- 您是如何应对行情的波动或变化的？是否有一些特定的策略或方法？

图3-60

5.

利润：

- 个体经营者通常如何计算和管理利润？您有什么经验或技巧可以分享吗？
- 在您的个体经营中，您是如何平衡利润和投资、成本等因素的？

6.

依据：

- 在做出重要决策时，您通常依据哪些因素或数据来支持您的决策？
- 个体经营者如何权衡各种依据和信息，以做出明智的决策？

图3-61

7.

决策:

- 您能分享一个您曾经做出的具有挑战性的重要决策的例子吗? 您是如何评估风险并最终做出决策的?
- 您在个体经营中遇到的某个决策错误或挫折是如何影响您的, 并且您是如何从中吸取教训的?

8.

先决条件:

- 对于那些想要从事个体经营的人来说, 您认为具备哪些先决条件是至关重要的?
- 您在个体经营的早期或发展过程中, 认为最重要的一项先决条件是什么?

图3-62

可见, ChatGPT为学生提供了优质的目标语言语料及完成任务的参考思路。学生当然不能简单照抄这些答案, 而是需要根据老师布置的具体任务要求, 对ChatGPT的答案进行筛选和改写, 将目标生词应用到采访提纲中, 从而完成对这些目标生词更有效的深度练习。

(十二) 你问我答

1. 界定

"你问我答"是汉语字词教学中互动式的语境化教学方法。在这一教学方法中, 学生在角色扮演的主动学习过程中成为采访者或被采访者, 模拟真实的场景进行问答, 并使用目标生词。

2. 教学内容

用"起家、机遇、挑战、行情、利润、依据、决策、先决条件"等生词, 完成语言任务。

3. 设计

这里使用的材料是学生在方法十一中完成的采访提纲。（详见方法十一）

4. 步骤

（1）学生仍然延续在之前活动中的分组（两组），互换采访问题（在之前活动中已完成）。

（2）各组学生根据得到的问题，运用目标生词准备回答。

（3）两组学生轮流上前，接受对方同学采访，运用目标生词回答问题。教师引导学生正确使用目标生词，全班进行评价，教师在必要时进行纠错。

5. 反思

这种互动问答形式的语境化教学方法可以提高学生在复杂语境中准确运用目标生词的能力。之所以说语境复杂，是因为任务要求模拟真实的采访和受访的互动过程，集目标生词的操练与听说等语言技能的训练于一体。它不仅能帮助学生提高运用目标生词的能力，还可以提升其综合语言技能。

在这种综合性的教学活动中，教师对学生语言操练的监控非常重要。对于学生出现的错词，教师要给予及时的反馈。

6. 在线资源与网络工具推荐

（1）在线上课堂中，让两组学生互相采访。

（2）在Flip平台上传两份采访提纲。学生分别到对方采访提纲的评论区进行回答，可以是文字、音频或者视频等形式。

（3）与ChatGPT人机互动，完成采访。

（十三）入境对话

1. 界定

"入境对话"的教学方法整合了反应型阅读训练、口语训练及生词应用，也是一种语境化教学方法。教师要求学生在具体情境中对课文中的主要人物进行代入式的理解，加深学生对目标生词的记忆，从而提高运用目标生词的准确度。

2. 教学内容

在课文语境中运用"独身、重担、无奈、牺牲、冲破、约束、缓解、真诚、沟通、恢复、体会、亲密"等生词。

3. 设计

这种教学方法可使用一系列PowerPoint（见图3-63到图3-67），围绕一段人物对话，层层递进，帮助学生在阅读和口语练习中复习与运用目标生词。

一、如果你是……

1、对话一：

家珍与锦荣

(1)分角色朗读

图3-63

家珍：那你为什么不叫她过一阵子再回来？
锦荣：唉！算了！你跟锦凤同学那么久，你应该了解她。我妈早晚是要跟我的。
家珍：其实，我们的情况差不多，我爸将来也是要跟我的。
锦荣：那怎么能比呢？朱爸比我妈强多了。他又能照顾自己，又能照顾别人。哪里像我妈整天要人哄着。
家珍：你以为他不要人哄？像每个礼拜天这样吃饭，还能吃多久？家宁还小，家倩随他了，反正我是要照顾我爸一辈子的。
锦荣：我想他希望的不是这样子吧？

图3-64

150

> 如果你是家珍，你对未来的生活有什么打算？

家珍：那你为什么不叫她过一阵子再回来？
锦荣：唉！算了！你跟锦凤同学那么久，你应该了解她。我妈早
　　　晚是要跟我的。
家珍：其实，我们的情况差不多，我爸将来也是要跟我的。
锦荣：那怎么能比呢？朱爸比我妈强多了。他又能照顾自己，又
　　　能照顾别人。哪里像我妈整天要人哄着。
家珍：你以为他不要人哄？像每个礼拜天这样吃饭，还能吃多久？
　　　家宁还小，家倩随她了，反正我是要照顾我爸一辈子的。
锦荣：我想他希望的不是这样子吧？

图3-65

> 如果你是锦荣，你认为家珍的爸爸对她有什么样的希望？

家珍：那你为什么不叫她过一阵子再回来？
锦荣：唉！算了！你跟锦凤同学那么久，你应该了解她。我妈早
　　　晚是要跟我的。
家珍：其实，我们的情况差不多，我爸将来也是要跟我的。
锦荣：那怎么能比呢？朱爸比我妈强多了。他又能照顾自己，又
　　　能照顾别人。哪里像我妈整天要人哄着。
家珍：你以为他不要人哄？像每个礼拜天这样吃饭，还能吃多久？
　　　家宁还小，家倩随她了，反正我是要照顾我爸一辈子的。
锦荣：我想他希望的不是这样子吧？

图3-66

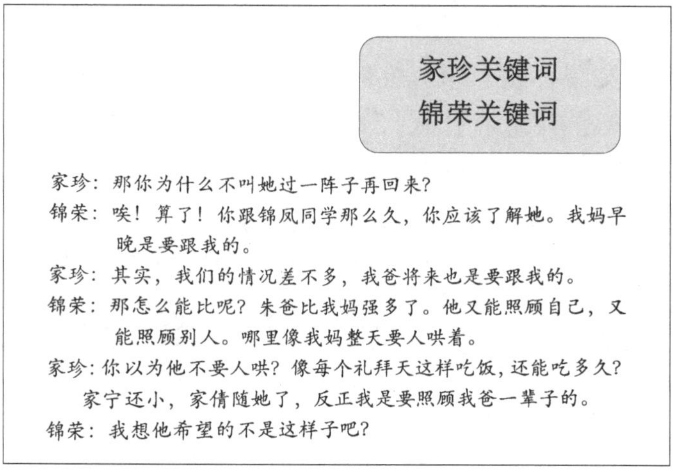

家珍 关键词
锦荣 关键词

家珍：那你为什么不叫她过一阵子再回来？
锦荣：唉！算了！你跟锦凤同学那么久，你应该了解她。我妈早晚是要跟我的。
家珍：其实，我们的情况差不多，我爸将来也是要跟我的。
锦荣：那怎么能比呢？朱爸比我妈强多了。他又能照顾自己，又能照顾别人。哪里像我妈整天要人哄着。
家珍：你以为他不要人哄？像每个礼拜天这样吃饭，还能吃多久？家宁还小，家情随地了，反正我是要照顾我爸一辈子的。
锦荣：我想他希望的不是这样子吧？

图3-67

4. 步骤

（1）展示要讨论的人物和第一个任务，即分角色朗读一段发生在两个人物之间的对话。

（2）学生阅读后，提醒学生注意表现人物情绪的重要生词，引导学生体会和理解人物性格及关系。

（3）用"如果你是……"这样的表达来代入人物角色，指导学生进行"入境对话"，在语言情境中讨论与人物相关的问题，运用"对话摘录"部分的生词展开合理想象，比如"早晚、照顾、哄"等，表达观点。

（4）基于代入人物角色的讨论，运用"梗概·读后"部分的相关生词对人物性格特点进行总结，得出人物关键词，在正确理解的基础上，运用目标生词。

5. 反思

以上步骤展示了从具体对话到抽象总结的教学过程。这种教学方法也可以逆向使用，即从人物评论中分析理解人物特点，得出人物特点的关键词。再运用目标生词设计出一段合理的人物对话，凸显其性格特征。

例如图3-68、图3-69：

> 3、影评：
>
> ## 家倩与家宁
>
> ### (1)阅读文章
>
> 　　小女儿家宁的恋爱跟大姐二姐的是一个明显的对比。她快餐店的同事爱折磨男友。家宁乘虚而入，很快地跟同事的男友发生了感情，并且怀了他的孩子。她是家里的老三，对家庭的责任感没有大姐那么重，因此高高兴兴地追求所爱的男子，怀孕之后也就顺理成章地结了婚，没有任何的为难或犹豫。倒是家倩，由于自诩为一个现代女性，不依靠男人，甚至于对发生性关系的亲密朋友，她也尊重个人的独立，维持一定的距离。雷蒙就是看出她的这个特点而利用了她。在茶馆里，家倩刚为了突然闯到他家打扰了他而道歉，他却告诉她他要跟别人结婚了，家倩无意识地说了"恭喜"之后，他居然无耻地要求与她继续来往，难怪家倩离开茶馆之后，忍不住在外头的水池边呕吐。

图3-68

(2)根据你的理解，完成下面的对话：

> 家倩：你怎么搞的？这么快就决定要结婚？
>
> 家宁：_____
>
> 　　　_____
>
> 　　　倒是你，年纪也不小了，为什么还不结婚？
>
> 家倩：_____

家倩关键词
家宁关键词

图3-69

　　图3-68展示了一篇人物评论，学生可以根据描述，用目标生词总结人物特点的关键词，表达对人物的理解。再代入人物角色，运用目标生词完成一段符合人物性格和身份的对话。

6. 在线资源与网络工具推荐

鉴于这种教学方法需要在教师的指导下进行，所以在线上教学时更适合在共时课堂中使用，可以进行师生间的实时互动。

（十四）场景说词

1. 界定

"场景说词"的方法考验学生对生词的理解程度、即兴反应能力和发散性思维能力，是一种语境化的教学方法。教师借鉴即兴话剧的表演方式，设定场景和人物身份，让学生随机抽取生词卡，发挥想象力，将人物对话进行下去，在趣味十足的表演中完成创造性运用目标生词的任务。

2. 教学内容

在角色扮演式的对话中运用"悠久、皇城、退休、寂寞、充实、遛、流行、巧妙、特殊、做客"等生词。

3. 设计

这种教学方法所使用的教学用具为一个类似纸盒的容器和让学生书写生词的纸条。

4. 步骤

（1）下发小纸条，让学生自选当课的一个生词写在纸条上。然后将纸条折好，投入纸盒中。

（2）设定场景和人物身份，如"这一次我请你们表演一群在公园里散步偶遇的老年朋友，见面打招呼后开始聊天儿……"

（3）根据情节，让学生分组表演。

（4）即兴表演。学生所扮演的老人们互相打过招呼后，开始轮流抽取纸盒中的生词，每次一张。然后用所抽取的生词组织语言，将聊天儿进行下去。

5. 反思

"场景说词"是考验学生综合语言能力的教学方法，在具体使用过程中，教师也可以稍作变通，控制难度，提高练习效率。例如：在场景和人物身份设定后，让一组学生同时抽取生词，并给时间讨论，然后再向全班表演。

6. 在线资源与网络工具推荐

在线上课堂使用这种教学方法时，教师可以把学生选择的生词用JeopardyLabs网站生成翻词游戏。让学生进行在线抽词，然后完成运用目标生词的任务。

（十五）观影聊词

1. 界定

"观影聊词"是将情境教学法（Teaching Proficiency through Reading and Storytelling，简称TPRS）与高级汉语字词教学相结合的方法。以闲话电影（Movie Talk）的形式为载体，在观影过程中，教师使用一系列由浅入深的问题，从提醒学生注意影片细节，到引导学生进行发散性思考，让学生在陈述、共情、联想、推论等语言任务中复习与运用生词。

2. 教学内容

在观影过程的实时问答活动中复习与运用"出差、惯、偶尔、放松、较劲、掐、闷"等生词。

3. 设计

这种教学方法需要准备一个电影片段和相关的观影问题。

4. 步骤

（1）完整播放《中国电影欣赏：洗澡》中《大明回家》的电影片段，作为活动预热。

（2）再次播放电影片段，并随时暂停提问，从最直观的陈述性问题开始，请学生用生词描述他们看到的画面或细节。例如：

电影中的澡堂大不大？

澡堂的环境怎么样？

澡堂里有哪些服务？

老刘见到大明时是什么表情？

（3）继续播放影片，并开始用问题引导学生进行联想、推论式的思考，运用目标生词。例如：

（大明说："我还以为爸……"）他没说出来的话是什么？

大明多长时间没回家了？怎么知道的？

（老刘对大明说："你能回来看弟弟，我很高兴"）你认为大明回来是看谁的？

（4）观影结束后，教师还可以提问让大家讨论，创造更多运用目标生词的机会。例如：

老刘和大明父子关系有什么奇怪的地方？

5. 反思

在高级汉语字词教学中使用情境教学法，提出大量问题，带动学生思考和练习，但教师要注意控制问题的难度。从直观描述到共情联想再到发散性推论，教师要在最大程度上保持高年级汉语学习者的学习兴趣和主动性，在复习与运用生词的基础上培养其综合语言能力。

6. 在线资源与网络工具推荐

教师可以在共时课堂，如Zoom、Microsoft Teams，以师生或生生互动的问答形式使用这种教学方法，引导学生在影片的情境中理解和运用生词。

其他方法列举

前面已经谈到，高年级中文学习者本身已经具有的语言知识和语言技能，为高级汉语字词教学的教学设计提供了很大的操作空间。这就使一些综合性的语境化教学方法成为可能。这些相对复杂的教学设计也是高年级汉语课堂的重要特点。在高级汉语字词教学中，要使方法与课文内容和生词特点相适应，这样才能保证良好的教学效果，对学生的学习产生积极的促进作用。

以《中国社会文化写实》第十一课《市场经济》为例①，在复习与运用生词阶段可以使用的语境化教学方法还有：

1. 唇枪舌剑

甲方：私营经济更能适应市场经济的发展。

乙方：国有经济更能适应市场经济的发展。

"唇枪舌剑"采用辩论这种互动形式，让学生在支持和反驳观点的过程中主动操练目标生词，还训练了综合语言技能。教师在课堂上组织这个活动时，可以以训练听说技能为主。教师也可以在课后，组织学生进行网上辩论，训练学生的中文读写技能。

2. 就职演说

第一组：如果我是私营企业的经理……

第二组：如果我是国有企业的经理……

"就职演说"是一种用角色扮演的方式进行演讲的语境化教学方法。学生可扮演私营企业经理或国有企业经理，运用目标生词发表就职演说，对企业的发展说出自己的想法。与其他教学活动相比，这一教学

---

① 本章教学方法的例子来自《中国社会文化写实》《中国人的故事（上）》《当代中国电影选读：中国侧影》（*Readings in contemporary Chinese cinema: a textbook of advanced modern Chinese*）、《中国电影欣赏：洗澡》，方法本身不受教材限制。

方法的特点是：（1）语境更加正式，要求学生不仅能正确运用新学的生词，还要注意语言的语体特点和语用场合。（2）话题更广泛，强调语言的篇章水平。因此，具体进行活动时教师可以让学生准备腹稿，然后口头报告，也可以将写作与演讲相结合，先布置课外写作练习，然后在课堂上进行模拟的就职演说。

四、教学评估与反馈

在教学中，教师对学生的字词学习效果进行实时测试，并给予及时评价和反馈是一个重要的组成部分。在本章展示的教学方法中，几乎每种方法都包括评估与反馈这项内容。比如，在"生词侦探"的教学活动中，每个学生都要介绍一个目标生词的词性、词义，并且造句，教师再对他介绍的知识内容和对目标生词的使用情况进行评估，及时纠正出现的错误，避免错误习惯的形成。又如，在"深究细品"和"辨析比词"等方法中，介绍新知识后的判断正误、改写句子、完成句子、选词填空等有针对性的练习，也能及时检测学生的学习效果，强化其对新知识、新认知图式的理解和记忆。在复习与运用生词阶段，教师更会留意学生的语言使用情况，进行评估和反馈，纠正学生的典型性偏误，帮助学生提高语言的准确度。

值得注意的是，在高级汉语字词教学中，教师应有意识地将评价与反馈的机会更多地留给学生，引发学生进行讨论，指导学生主动地进行元认知层面的反思并训练他们的自我评估技能。这样，学生在互相监测和评价的过程中，能再次加深对新信息的印象，对新的字词知识进行深度加工。

五、数字时代的教学方案

近年来，运用网络平台、应用程序等的线上教学在国际中文教育领域获得了长足的发展。沈禾玲教授2020年在北京语言大学出版社出版的《汉语二语字词教学》（第2版）中指出，着眼于培养合格的数字时代有能力的中文学习者，我们的汉语字词教学也需要与时俱进，根据数字时代的特征，调整教学理念、目标和教学方法的设计原则。在教学中指导学生使用网络资源，充分利用"人—人""人—机"及"人—机—人"互动，帮助学生建构数字化的有意义的主动学习，将汉语字词教学从线下延伸到线上。同时，网络平台和工具的使用也给国际中文教学增加了趣味性和体验感，拉近了真实情境与课堂教学的距离，身临其境的语言活动也能更有效地吸引学生的注意力。

参考文献

华雨汉风工作室. 中国人的故事：中级汉语精视精读（上）[M]. 北京：北京语言大学出版社，2009.

刘月华，姚道中，毕念平，葛良彦，史耀华. 中文听说读写（第四版）[M]. 波士顿：剑桥出版社，2017.

吕文华. 对外汉语教学语法讲义[M]. 北京：北京大学出版社，2014.

沈禾玲. 汉语二语字词教学（第2版）[M]. 北京：北京语言大学出版社，2020.

沈禾玲，王平，蔡真慧. 汉字部首教程（第2版）[M]. 北京：北京大学出版社，2020.

谢光辉. 常用汉字图解[M]. 北京：北京大学出版社，1997.

张莉，陈天序. 中国电影欣赏：洗澡[M]. 北京：北京语言大学出版社，2008.

Ausubel, D P. The psychology of meaningful verbal learning: An introduction to school learning[M]. New York: Grune and Stratton, 1963.

Chou, Chih-p'ing., Wang, & W., Jiu, Y. Readings in contemporary Chinese cinema : a textbook of advanced modern Chinese[M]. Princeton: Princeton University Press, 2007.

Jin，H G., Xu, D B，& Hargett, M. 中国社会文化写实[M]. 波士顿：剑桥出

版社，2000.

Lewis, T., Cappellini, M. & Mompean, A R. Introduction[C]//Cappellini, M.
Lewis, T. & Mompean. A R. Learner Autonomy and Wed 2.0. London:
Equinox Publishing Ltd, 2017:1-11.

附　录

1. 汉字与字源网：https://hanziyuan.net/

2. 小学堂：https://xiaoxue.iis.sinica.edu.tw/

3. 汉典：https://www.zdic.net/

4. 田字格字帖生成器：https://www.an2.net/zi

5. 学习汉语字词的在线工具Skritter：https://skritter.com/

6. 讲解汉字的Chinesay：https://www.chineasy.com/

7. 美国史密斯学院（Smith College）东亚语言与文学系师生创建的汉字识字网站：https://sites.smith.edu/chinese-character-literacy/（访问可能受限）

8. 图片网站：Pixabay (https://pixabay.com/)、Pexels (https://www.pexels.com/)、Unsplash (https://unsplash.com/)

9. 在线字卡Quizlet：https://quizlet.com/

10. 在线字卡Anki：https://apps.ankiweb.net/

11. Padlet平台：https://padlet.com/

12. VRlingual网站：http://www.vrlingual.com/（访问可能受限）

13. Nearpod平台：https://nearpod.com/

14. H5P平台：https://h5p.org/

15. https://www.mindnode.com/

16. https://wheelofnames.com/

17. https://kahoot.com/schools-u/

18. https://voicethread.com/

19. 线上互动式活动单生成器：https://www.liveworksheets.com/

20. 视频录制及互动讨论网站：https://flipgrid.com/

21. 数字白板网站：https://whiteboard.fi/

22. 线上练习活动制作生成网站：https://kahoot.com/

23. 线上竞答活动制作生成网站：https://jeopardylabs.com/